烧尾

于赓哲说
唐才子才女

于赓哲 著

中信出版集团 | 北京

图书在版编目（CIP）数据

烧尾：于赓哲说唐才子才女 / 于赓哲著 . -- 北京：中信出版社，2023.3（2024.4重印）

ISBN 978-7-5217-5123-9

I. ①烧… II. ①于… III. ①知识分子－中国－唐代－通俗读物 IV. ① D691.71-49

中国国家版本馆 CIP 数据核字 (2023) 第 033009 号

烧尾：于赓哲说唐才子才女

著者： 于赓哲

出版发行：中信出版集团股份有限公司

（北京市朝阳区东三环北路 27 号嘉铭中心 邮编 100020）

承印者： 嘉业印刷（天津）有限公司

开本：880mm×1230mm 1/32 印张：6.75 字数：180 千字

版次：2023 年 3 月第 1 版 印次：2024 年 4 月第 2 次印刷

书号：ISBN 978-7-5217-5123-9

定价：58.00 元

目录

唐人的科举之路

《刘宾客嘉话录》记载了这样一个故事："苗给事子缵应举次，而给事以中风语涩，而心中至切。临试，又疾亟。缵乃为状，请许入试否。粲犹能把笔，淡墨为书，曰：'入！入！'其父子之情切如此。其年缵及第。"苗给事是苗粲，三朝宰相苗晋卿之子，此人颇有德行，有口皆碑，但仕途始终不顺，居官不显。临去世之前，把希望寄托在儿子苗缵身上，希望他科举一举中第。但是苗缵却犹豫，原因是唐代特别讲究孝道，父亲中风，儿子却去赶考，必然会遭到社会舆论抨击，所以苗缵犹豫再三，向病榻上的父亲请示。此时，已经口不能言的苗粲拿起笔来连写两个"入"字，意思是"快入考场"，殷切之情溢于言表，让人唏嘘不已。

病重的父亲，甚至可以不顾社会舆论，让儿子赶考，科举究竟有多大的诱惑力？对于唐人来说，它是安身立命的根本。《唐摭言》卷九记载："殊不知三百年来，科第之设，草泽望之起家，簪绂望之继世；孤寒失之，其族馁矣；世禄失之，其族绝矣。"也就是说，唐朝，尤其是唐朝中后期，科举对于普通百姓来说，是改变命运的机会，对于名门望族来说，是续命的根本。草民如果始终不能中第，会一家饥寒，名门望族若不能中第，则家道中落。

科举制度的兴起与发展

科举制是隋唐时期创立的，一直持续到20世纪初才被废止，同时影响了世界。1789年法国大革命之前，欧洲很多启蒙思想家对中国古代的科举制推崇备至。1755年，《君子杂志》（*The Gentleman's Magazine*）称："笔试为明理之士愿意参加的唯一一种考试……所有学者都认为中国在治国之道这方面，已超过其他所有国家……"伏尔泰夸张地说："人们完全不可能设想一个比这更好的政府，在那里事无巨细，均由相互制约的大衙门审理，只有通过层层考试的人才能进入这些衙门任职，中国的一切都通过这些衙门进行自我调节。"[1] 当然，他们所了解的科举制和中国政治制度，实际是从传教士或者商人那里道听途说而来，但他们仍然非常羡慕，认为科举制给了所有人公平竞争的机会，让社会阶层不再固化，是相对公平的制度。那时的法国正处在阶层固化阶段，国王、贵族、教会等把持了全部政治权力，而启蒙思想家对这种现象深恶痛绝。他们实际上是在借中国制说法国事。坦白地说，在启蒙运动所处的17—18世纪，中国科举制实际上已经走向了八股文的僵化体制。清王朝也出现全面滑坡，但不可否认的是，科举制在诞生之初，确实起到过非常积极有效的作用。

---

1 引自伏尔泰的《路易十四时代》。

宫崎市定在《科举史》一书中回顾科举制产生的历史时说：

有人说，科举制度源于汉，兴于隋，盛于唐，成于宋（《山堂考索续集》卷三十八）。此言甚善，但必须再加上一个事实，那就是宋代以后，特别是进入明代后，科举将学校制度包含其中，从而获得了巨大的扩充和完善。

所谓科举制度源于汉，是指肇始于西汉的贤良方正、直言极谏等科，以及东汉大为兴盛的孝廉等科目。在汉代之前的封建制度下，官位原则上是世袭的，官吏选拔并没有成为问题。即便存在世袭之外拔擢贤能庶民的情况，也是通过君主的恩典或者军功，所以并没有制度化的必要。而到汉朝施行郡县制之后，朝廷开始面临如何补充官吏接班人的问题。汉代施行所谓乡制，地方自治的色彩很浓，一般的地方政治可以完全交托给当地的权势群体，但是参与制定最高国策的有用人才必须通过特定的方法选拔任用，从而防止官僚阶层的固化。于是，朝廷屡屡下诏，由郡国向中央报告拥有贤良方正、直言极谏等资格的人才，并且给予特殊的拔擢。但是，这在西汉还没有成为定制，只是依据一时的需要，下特诏求取人才而已。到了东汉，官吏选拔制度终于迎来了法制化。首先，汉和帝时规定了郡国向中央察举的人数，确立依据人口比例推举孝廉的制度。具体而言，郡国人口在二十万左右，则每年举孝廉一人，四十万为两人，六十万为三人，八十万为四人，一百万为五人，一百二十万为六人，不满二十万的郡国每两年推举一人，不满十万的每三年推举一人，以此类推。此外，孝廉必须年满四十岁，察举的郡国长官需要在任一年以上。地方的选举权统归郡国长官的守相，但实际执行人是功曹。此外，朝廷的三公会派遣东西曹，天子本人也会下令吏曹尚书主持选举。孝廉科起于西汉，进入东汉后极为盛行，尽管还有明经、有道、茂才等科目，但唯有孝廉一枝独秀，仿佛东汉的选举就是专指孝廉一般。

举荐到中央的人才，通过考试决定是否录用，这一点和后世的进士相似，但这里也可以看出它们有着根本差异，那就是汉代的选举归根到底是基于地方官的推荐，而后世的科举则是候选人自愿参加考试。汉代的重点在于地方官的推荐本身，所谓对策云云，起初也不是考试的意思，只是好不容易选拔了出色的人才，天子向他们征求政治上的意见而已。这一层含义逐渐演变为对人物的考察，但这样的考试是十分简单的。与此相反，后世的科举是候选人的自荐，对他们的考察则十分严格，录用与否完全由考试的成绩决定。以上几点既是汉代选举制的优点，但同时也是缺点。虽然汉代的选举和后世的科举有着极为相似相通的性质，但并非由选举直接发展为科举制，中间还穿插了六朝时代贵族性质的九品官人法，这正是以他人举荐作为本位的制度弱点暴露并不断扩大的结果。

在东汉朝廷中，作为民众表率的官吏被特别要求孝行和廉洁，于是出现了孝廉科的全盛。然而，选举之权完全掌握在郡国守相的手中，郡国守相又是由朝廷任命的，这就意味着选举终究无法摆脱中央权贵的干涉和请托。河南尹田钦举荐六名孝廉时，因无法拒绝权贵的请托，于是在举荐五名不称意的人选后，又推举了名士种暠，以此免于世间的清议，这是非常有名的故事。此外，汉代的土著豪强依然有权插手地方政治，有时维持郡国的治安不得不借助他们的力量，因此守相不能无视地方上的舆论。如此一来，守相的立场非常为难，不谄媚中央则无法保全地位，违反了地方舆论就难以履行职责。如果从这一层面观察东汉末年的大事件，可以说党锢问题就是当时中央权力与地方势力的矛盾无法调和并最终激化的产物。

…………

北朝的君主由于是少数民族出身，对九品官人法缺乏兴趣，因而致力于复活汉代的秀才、孝廉制度。在北魏孝文帝的新制中，各州推举的人称为“秀才”，各郡推举的人称为“孝廉”，而强化对秀才、孝廉的考试制度则是从北齐开始的。这其实是中世选举制的一大转机，后代的科举制精神可以视作滥觞于此。北齐的考试由天子亲临朝堂，任命中书考秀才，以考功郎中策试孝廉贤良，答案中出现脱误者罚站在座席后方，书写拙劣者罚喝一升墨水，以此作为羞辱。到了继承北朝而统一天下的隋朝，朝廷越发重视科试，特别是针对选拔特殊人才而设立的秀才科，考试极为严格慎重。终隋一代，秀才出身者不满十人……朝廷对考试的重视，其实意味着对代表贵族舆论的中正推荐制度的轻蔑。到了开皇三年（583），州郡僚属全部改为中央派遣，包含中正在内的原有当地官员停职，称之为“乡官”。选举任务由地方长官兼任，但朝廷不再重视地方官员的内部报告，而是独立设置严格的考试制度选拔官吏候补人员，这一举措的必然结果就是科举制度的建立。

一般认为，科举制开始于隋炀帝时期，以大业年间设立进士科作为划时代的事件。事实上，进士早在前代隋文帝时就已经存在。不仅如此，隋代考试制度的中心科目是前朝以来的秀才，秀才以外设立了并行的进士等科。即便唐初的科举，占据首席地位的依然是秀才科，进士等科目远远排在其后。至于进士科成为科举的重心，甚至于占据代表整个科举的地位，则是遥远后世的事情了。

既然如此，似乎可以把隋文帝设立秀才科考试视为科举的开端，但秀才科只是继承了前朝的制度，并不是隋代的发明，毋宁说秀才科脱离中正的控制才具有重大的意义。从这一点来看，近世科举制度的起源应当追溯到中正停止职务的开皇三年，或者是彻底废止的开皇十五年（595）。新制度下的秀才，名义上承袭自汉代，实质上却截然不同，尽管都是通过地方官的推荐，但重点已经不是推荐，而是考试的成绩了。

必须指出，在唐前期，走门荫这条路入仕的人比靠科举上来的人多得多。所谓门荫制度，创立于隋代，反映出以九品中正制为代表的门阀政治虽已逐渐消失，但贵族政治阴魂不散。门荫制度之下，皇亲和有封爵者的子孙以及五品以上官员的子孙均可入仕，品阶因他们父祖的身份和官品的高低而不同。父祖官品高，子孙品阶就高。吴宗国《唐代科举制度研究》指出：“在九品中正制业已废弃，科举制又没有充分发展的唐初，荫任仍然是选举的一条大道。”

唐代的科举取士制度

唐代科举不止一种，最有名的当然是进士科。除此之外，还有哪些名目?《新唐书·选举志》记载：“唐制，取士之科，多因隋旧，然其大要有三。由学馆者曰生徒，由州县者曰乡贡，皆升于有司而进退之。其科之目，有秀才，有明经，有俊士，有进士，有明法，有明字，有明算，有一史，有三史，有开元礼，有道举，有童子。而明经之别，有五经，有三经，有二经，有学究一经，有三礼，有三传，有史科。此岁举之常选也。其天子自诏者曰制举，所以待非常之才焉。”

这里首先指出了唐代参加科举的人的身份：一是生徒，一是乡贡。由京师及州县学馆出身，而送往尚书省受试者叫生徒；不由学馆而先经州县考试，及第后再送尚书省应试者叫乡贡。由乡贡入京应试者通称举人。州县考试称为解试，尚书省的考试通称省试，或礼部试。礼部试都在春季举行，故又称春闱。至于科目，这里说得有些混乱，因为有的科目并非常设，例如三史科是唐后期唐穆宗时才设置的，童子科则未能一直继续下去，中途取消。清代徐松《登科记考》认为，五经、三经、二经、学究一经、三礼、三传实际上都是明经科。至于一史科和三史科，窦禄军《唐代三史科名实考辨——兼答“傅璇琮之问”》一文认为：“古人以三史科之名指代一史科之实，一方面是为了与三礼、三传等科目在称谓形式上保持一致，另一方面则是因为自魏晋以来，‘三史’成为一个被士人广泛接受的专有名词。简言之，一史科是真实存在的，只是名为三史科而已。”一言以蔽之，一史科和三史科是一回事。也就是说，《新唐书·选举志》混淆了不同时代的不同科目以及同一科目的不同名称。

常贡之科（常年设置的科目），实际上就是秀才、进士、明经、明法、明书、明算六项。这六项中，秀才科等级最高，但难度极大，因此唐前期就已经废止；进士成为实际上等级最高的科目，一旦考中，真的可以说是光宗耀祖。明经科次之。从科目设置也可以看出国家对人才的需要，进士和明经满足培养新政治官员的需要，其余的满足培养技术型官员的需求——其中明法针对的是法律人才，明书针对的是文字训诂方面的人才，而明算针对的是算数人才。

明经、进士两科，最初都只是试策，考试的内容为经义或时务。后来两种考试的科目虽有变化，但基本精神是进士重诗赋，明经重帖经、墨义。

所谓帖经，就是将经书任揭一页，将左右两边蒙上，中间只开一行，再用纸帖盖三字，令试者填充。

墨义是对经文的字句进行简单的笔试。

帖经与墨义，只要熟读经传和注释就可中试，诗赋则需要具有文学才能。进士难，明经易。唐人常说“三十老明经，五十少进士”，意思就是考中明经易，考中进士难。但一旦考中进士，则前途一片光明，所以还是吸引了大批学子。

唐代李恕在《诫子拾遗》中描写了他制定的培养子弟的方案："男子六岁，教之方名。七岁读《论语》《孝经》。八岁诵《尔雅》《离骚》。十岁出就师傅，居宿于外。十一专习两经。"这个方案总的来说是由易到难，由生活常识到经学、文学。六岁时童子要接受常识教育，大约包括识字、节气、礼节等生活基本知识。七岁开始读《论语》《孝经》等，正式开始接受儒家经典启蒙教育。八岁开始读《尔雅》《离骚》等，这是文学启蒙教育。十岁则开始外出拜师，进一步深造。十一岁开始继续深读《论语》和《孝经》。

七岁就开始读两经，这是为了参加童子科考试。唐代为了鼓励孩子们读书，一度在科举中设置了童子科，选拔那些特别早慧的孩子。《新唐书·选举志》记载："凡童子科，十岁以下能通一经及《孝经》《论语》，卷诵文十，通者予官。"后来童子科被取消。

地方贡生随当地长官每年年底到长安，等待考试。地方贡生到长安后，又有什么程序与步骤呢？

来到长安，除了向礼部递交家状与各州的文解（荐举文书），举子们还要结款通保，三人或者五人互保。保证不舞弊。

四方馆会在大明宫含元殿召集贡生，慰问点名。皇帝会在元日接见考生。对于部分考生来说，这可能是一生中唯一可以一睹天颜的机会。结束后考生还要去文庙拜谒孔子像。

考生入考场，除了《切韵》《唐韵》这类韵书外，其余书籍禁止携带。

考场内戒备森严，有巡视以防考生作弊。科举考试的考场或者试卷库被称为"棘院"。敦煌壁画中的监狱，周围有荆棘围绕；

考场不是监狱，但也有这样的防范措施。

也有打破常规的时候。唐肃宗礼部侍郎李揆认为科举各种监考毫无必要，与求贤意图相悖，还不如干脆放开。于是在考场摆设五经、诸史及《切韵》，对考生说：“大国选士，但务得才，经籍在此，请恣寻检。”（《旧唐书·李揆传》）这是有特殊背景的，因为此时正值安史之乱，唐肃宗刚刚当上皇帝，他来灵武的时候，人马不过千余，大臣只有数十个，是真正意义上的“孤家寡人”，当然“求贤若渴”了。此时快速招徕人才是关键，所以规矩也就放松了。

进士科考三场：杂文、帖经、策文。武则天时期开始加设殿试。据《封氏闻见记》记载，唐代科举考试，凡明经，先试帖文，然后口试经义，答时务策三道；凡进士，试时务策五道，帖一大经，经、策全通者为甲第。

关于“时务策”，引郑阿财、朱凤玉《开蒙养正——敦煌的学校教育》的介绍如下：

> ……前往北京图书馆披阅馆藏的敦煌文献，特别是《敦煌劫余录》以后陆续新获的写卷，其中有一卷拟题为“唐人问对二十六条”的残卷……中国国家图书馆馆藏的这件敦煌写本“问对”残卷，虽为残卷，但保存的部分，有问，有对，资料极为难得。
>
> ……至于问对形式与文体如何？以下就完整者举一个例子细加说明，以见一斑。例如第六道，标题为“问豪富”，而仿真试题则是：“问：韩魏已来，人多侈竞，相嘲夸调，各尚

资财，虽有其言，未睹其事，子之强识，并是何人。”

“问”是起问辞，标识以下为题目。“韩魏已来，人多侈竞，相嘲夸调，各尚资财”是引导问题的导问辞，“虽有其言，未睹其事”为问题，“子之强识，并是何人”则是促对语。

这里的“韩魏”，指春秋时晋国的韩氏、魏氏两家大臣，后又共同分晋立国而为诸侯，后代多用来称富贵之家。问题的大意是：从春秋时代晋国的韩魏以来，人们多竞相以奢侈为尚，相互夸耀嘲笑，崇尚资财。这种情况，虽然时有所闻，历史上有何具体人物与事实，请博闻强识的你，指出究竟有哪些？试题后，紧接着便是仿真的答题。“某对：某闻色声世界，富诞为先；豪贵矜夸，故其然矣。至如石崇锦鄣，五十里以霞生；吉甫粥枪，卅（三十）里而雷沸。况乎汉称金屋，周曰壁台，岂止羊琇娇豪，家然兽炭；前王孙傲岸，室累千金而已。谨对。”

“某对”为起对辞，“某闻”为承对辞，标识以下为考生的答案内容；“谨对”为终对辞，标识在此之前为考生的答案。全文以四六骈体作答。大意为：声色有形的花花世界，富贵荒诞，夸耀权贵也就如此了。至于像晋代的石崇用锦制屏幕来遮蔽风尘，长达五十里，仿佛彩霞一般壮观；周朝尹吉甫大富，鼎釜煮粥声闻三十里，沸腾之声宛如雷声。更何况汉武帝称金屋藏娇，周穆王有重壁之台。岂止像羊琇娇贵豪侈，家用小屑炭做成兽形来温酒；前王孙也态度高傲，屋室堆砌尽是黄金千两为墙壁而已。

就形式而论，这些命题都是以“问”作为开始，作答则以“某对：某闻”为开头，最后以“谨对”作为结束，属于标准策问的“问对”形式。其所问的题目，三四十字，而对答也不长，七八十字。就其所问的内容而论，均非关经义，亦非属方略，明显是所谓“时务策”。……

考场外热闹的“行卷”与“温卷”活动

除了这些正规程序之外，考场外还有另外一股活动浪潮，就是行卷、温卷。这些活动比考场内的还要热闹。

唐代科举有个显著的特点——试卷不糊名，也就是说试卷上考生姓名一目了然。考官如果认识考生，或者早已闻听大名，判卷时自然会有倾向，因此名声对于考生来说至关重要。当时的科举，由于不糊名，考官对考生的态度就非常重要而敏感。当时很多考官上下其手，徇私舞弊。《新唐书》卷一百七十五记载：“李宗闵、牛僧孺辅政，引为右司郎中、弘文馆学士。再迁给事中。虞卿佞柔，善谐丽权幸，倚为奸利。岁举选者，皆走门下，署第注员，无不得所欲，升沉在牙颊间。当时有苏景胤、张元夫，而虞卿兄弟汝士、汉公为人所奔向，故语曰：‘欲趋举场，问苏、张；苏、张犹可，三杨杀我。’”

除了朝官上下其手，宦官也作威作福。尤其唐中后期，宦官专权到了无以复加的地步，手握军权，废立皇帝，指斥朝官，科举这种美事岂肯放过。《唐摭言》卷九记载：“高锴侍郎第一榜，裴思谦以仇中尉关节取状头，锴庭谴之，思谦回顾厉声曰：‘明年打脊取状头。’明年，锴戒门下不得受书题，思谦自怀士良一缄入贡院；既而易以紫衣，趋至锴下白锴曰：‘军容有状，荐裴思谦秀才。’锴不得已，遂接之。书中与思谦求巍峨，锴曰：‘状元已有人，此外可副军容意旨。’思谦曰：‘卑吏面奉军容处分，裴秀才非状元，请侍郎不放。’锴俯首良久曰：‘然则略要见裴学士。’思谦曰：‘卑吏便是。’思谦词貌堂堂，锴见之改容，不得已遂礼之矣。”

大臣高锴主持科举，此时正是大宦官仇士良掌权期间。河东人裴思谦是个无行文人，他打通了仇士良关节（估计是重金行贿的结果），向高锴求为状元，高锴于庭院中当场对其呵斥。裴思谦临走前撂下一句狠话：“明年打脊取状头。”这一句需要解释下。唐代有杖脊之刑，即以杖击脊背，除了用来惩罚罪犯，也会用来处罚官府中的小吏。《朝野佥载》卷五记载：“刑部尚书李日知自为畿赤，不曾打杖行罚，其事亦济。及为刑部尚书，有令史受敕三日，忘不行者。尚书索杖剥衣，唤令史总集，欲决之。”所谓“明年打脊取状头”，就是不惜一切代价，明年也要取状元之意。

次年是唐文宗开成三年（838）戊午科进士科考试，主考官还是高锴。考前为了防止出现有人请托，高锴还特地嘱咐下人不得随意接收信笺。而裴思谦怀揣仇士良的亲笔信，穿上一身紫袍，前来求见。紫袍乃三品以上官员服装，估计是这身行头吓住了门房，裴思谦得以见到高锴。

时隔一年，高锴看来是已经不认得裴思谦了。裴思谦大声说：“军容有状，荐裴思谦秀才。”这里的“军容”指的是观军容使仇士良。除了最初几年，唐代科举并无秀才这一等级，但“秀才”

一词常被用作顶尖人才的美称。裴思谦的意思是要求定他为状元。高锴为难，说状元已经内定（从这句来看，唐朝科举有时候真是功夫在考场外），其他事好商量。裴思谦坚决要求按照仇士良的意思办。高锴无奈，最后说，那我好歹得见到裴学士本人再说。裴思谦得意地答道，我就是。高锴不得不遵从了宦官的要求。

李商隐也遭遇过这种“盘外功夫”。《李义山文集》卷十记载：“时独令狐补阙最相厚，岁岁为写出旧文纳贡院。既得引试，会故人夏口主举人，时素重令狐贤明，一日见之于朝，揖曰：‘八郎之交谁最善？’绹直进曰：‘李商隐者。’三道而退，亦不为荐托之辞，故夏口与及第。”（《与陶进士书》）李商隐多次参加科举皆不能登第，而恩公令狐楚的儿子令狐绹轻飘飘一句话就能让他得偿所愿。主考官夏锴主动询问令狐绹想让谁上，可见那时请托之风之明目张胆。

除了少数有背景、有靠山的人之外，大多数考生要想获得青睐，自然只有靠才华吃饭。不过才华也能帮助考生在考前就获得青睐甚至内定，杜牧就是一个典型。《唐才子传》卷六记载：“牧，字牧之，京兆人也。善属文……初未第，来东都，时主司侍郎为崔郾，太学博士吴武陵策蹇进谒曰：‘侍郎以峻德伟望，为明君选才，仆敢不薄施尘露。向偶见文士十数辈，扬眉抵掌，共读一卷文书，览之乃进士杜牧《阿房宫赋》。其人王佐才也。’因出卷搢笏朗诵之，郾大加赏，曰：‘请公与状头！’郾曰：‘已得人矣。’曰：‘不得，即请第五人；更否，则请以赋见还！’辞容激厉。郾曰：‘诸生多言牧疏旷不拘细行，然敬依所教，不敢易也。’后又举贤良方正科。”此时是唐文宗大和二年（828），年轻的杜牧来参加科举，主考官为崔郾，而此时的杜牧已经因为一篇《阿房宫赋》驰誉天下。太学博士吴武陵竭力推荐杜牧为状元，并为崔郾朗诵《阿房宫赋》，崔郾十分赞赏，但表示状元已有人选，吴武陵又求为第五名，最后直接表示，假如再不应允，那么就把文章还给人家，言辞非常激烈。崔郾表示，他犹豫是因为听说杜牧此人性格疏阔，不拘细节，但既然举荐人如此坚决，自己自然从命。于是杜牧高中进士。

正因为名气如此重要，考生们会在考前遍访京城权贵，送上自己的文集，希望以文采打动这些人，为自己营造名誉。这就叫“行卷”。临考前，怕人家忘了自己，还要再送一次，称为“温卷”。这些活动是公开的。

甚至政府后来也插上一脚，至少在天宝时期，礼部主考官会要求考生们在考前缴纳文集，称为“纳省卷”，这成了不成文的规矩。国子监助教温庭筠曾经写过一篇《榜国子监》：“右前件进士所纳诗篇等，识略精微，堪裨教化；声词激切，曲备风谣。标题命篇，时所难著；灯烛之下，雄词卓然。诚宜榜示众人，不敢独专华藻。并仰榜出，以明无私。仍请申堂，并榜礼部。咸通七年十月六日，试官温庭筠榜。”可见省卷中的优秀作品还会榜示给大家，以示乡贡之公正无私。

有些著名诗句其实就是考生干谒主考官时的作品，例如唐人朱庆余《近试上张水部》：“洞房昨夜停红烛，待晓堂前拜舅姑。妆罢低声问夫婿，画眉深浅入时无。”乍看起来是歌咏新娘子，实际上是干谒诗，以新娘子见公婆那种忐忑不安的心情来表达自己面临考试时的内心感受。关于行卷、温卷的内容，可以参看程千帆《唐代进士行卷与文学》（上海古籍出版社）。

干谒的同时，自然也会伴随着行贿与受贿的暗箱操作。科举制兴起不久，在唐高宗龙朔年间这种案件就已经出现。《旧唐书》卷一百九十记载："董思恭者，苏州吴人。所著篇咏，甚为时人所重。初为右史，知考功举事，坐预泄问目，配流岭表而死。"《封氏闻见记》卷三也记载了这件事："龙朔中，敕左史董思恭与考功员外郎权原崇同试贡举。思恭，吴士轻脱，泄进士问目，三司推，赃污狼藉。后于西堂朝次告变，免死，除名，流梧州。"《册府元龟》记载这件事时直接说董思恭"预卖策问受赃"，换句话说就是做了权钱交易。这是有明文记载的唐代第一场科考舞弊案。董思恭为此被流放梧州。

干谒之时，除了举子贿赂考官，有时还会有一个奇怪的现象：那些达官贵人给年轻的举子们赠送钱财，有时闹出一些不愉快也必须忍着。这是为什么？

何为"打秋风"？

胡震亨《唐音癸签》卷二十六记载："唐士子应举，多遍谒藩镇、州郡丐脂润，至受厌薄（厌恶鄙视）不辞。"程千帆在《唐代进士行卷与文学》中说，唐代举子"行卷以求知己，虽然主要是为了成名，但其末流也有借此打抽丰（打秋风），即敛财的"。

《幽闲鼓吹》记载："丞相牛公（牛僧孺）应举，知于頔相之奇俊也，特诣襄阳求知。住数月，两见，以海客遇之，牛公怒而去。去后忽召客将，问曰：‘累日前有牛秀才，发未？’曰：‘已去。’‘何以赠之？’曰：‘与之五百。’‘受之乎？’曰：‘掷之于庭而去。’于公大恨，谓宾佐曰：‘某盖事繁，有阙违者。’立命小将赍绢五百、书一函追之，曰：‘未出界即领来，如已出界，即送书信。’小将于界外追及。牛公不启封，揖回。”

年轻的牛僧孺曾经干谒大臣于頔。但是于頔并没有重视他，把他当作一般的宾客对待。牛僧孺愤然离去。他走后，于頔问手下给牛僧孺送了多少钱，手下答曰五百钱；又问牛可曾接受，手下答“掷之于庭而去”。于頔觉得事情不妥，立刻令手下携带五百匹绢和一封书信去追牛僧孺。但是牛僧孺信都未拆开，便扬长而去。于頔内心颇感不安。

按理说，位高权重的于頔应该不会在意一个年轻贡生的态度，那么为什么要派人追赶弥补？原因是这些年轻的考生未来一定有人得登高第，成为政坛栋梁，人人都有后代，人人都需要留后路。考生虽然年少，但不可轻慢，也许面前此人未来掌权呢？如今得罪了他，未来会不会累及自家子弟？所以，给年轻考生们赠送钱财实际上是一种投资，是在编织一张人脉关系网，为自己的后代留出路。

下面一个故事可谓典型。《唐语林》卷六记载：“安邑李相公吉甫，初自省郎为信州刺史。时吴武陵郎中，贵溪人也，将欲赴举，以哀情告州牧；赠布帛数端。吴以轻鲜，以书让焉，其词唐突，不存桑梓之分，并却其礼，李公不悦。妻谏曰：‘小儿方求成人，何得与举子相忤？’遂与米二百斛，李公果憾之。元和二年，崔侍郎邠重知贡举，酷搜江湖之士。初春，将放二十七人及第，持名来呈相府。才见首座李公，公问：‘吴武陵及第否？’主司恐是旧知，遽言及第。其榜尚在怀袖。忽报中使宣口敕，且揖礼部从容，遂注武陵姓字呈李公，公谓曰：‘吴武陵至粗人，何以当科第？’礼部曰：‘吴武陵德行未闻，文笔乃堪采录。名已上榜，不可却也。’相府不能移，唯唯而从之。”

李吉甫任信州刺史时，当地举子吴武陵赴长安应考，途经信州，求李吉甫给盘缠，李只给了几匹布帛，吴武陵觉得是在打发要饭的，回信责备李吉甫，李颇恼怒。此时其夫人劝告说：“咱家孩子未来也要留出路，为何要得罪举子呢？”于是补送了二百斛米。

李吉甫对此事始终耿耿于怀。元和二年（807），李吉甫任宰相时，礼部侍郎崔邠来向他汇报今年科举中榜名单，一共27人，李吉甫问：“吴武陵及第否？”结果崔邠会错了意，以为这是宰相要照顾的人选，好在此时名单还在袖子里，于是把本已落第的吴武陵临时加了上去。李吉甫很不高兴地说：吴武陵是个粗陋之人，怎能录取？崔邠回答：德行不了解，文笔还不错，名已上榜，不能更改。李吉甫只能作罢。时也命也，吴武陵竟然靠这样的奇特机遇一举登第。

这些故事展现出这样一种场景：科举场是个人情循环网，由于唐代科举考试中人情是决定性因素之一，每个身居高位的人都得为子弟留后路，虽然举子们干谒时有求于达官贵人，但达官贵人也要留后手，不敢轻易慢待这些年轻人。

当然，也有地方官是出于善意帮助举子们的。陶易《唐代举子打秋风》一文指出：“值得一提的是，唐代不少地方官员常会主动资助举子，《唐摭言》中载有多例。江西节度使钟传虽然出身行伍，他却能礼遇乡贡三十年，每年送举子赴考，都要举行乡饮酒礼，还赠给礼物与柴米，解元三十万，解副二十万，其余每人十万。欧阳澥参加科考近二十年而不中，流寓汉南（今湖北宜城市），襄阳节度使刘巨荣‘待以厚礼，首荐（解元）之外，资以千余缗（一千文为一缗）’。晚唐诗人卢延让向侍御史吴融行卷，吴向荆州节度使成汭推荐卢延让，‘由是大获举粮’。再如荆南州（今湖北荆州市）的举子多年没有及第登科的，号为‘天荒解’，宣宗时刘蜕从荆南取解，一举中第，节度使崔铉奖励刘蜕‘破天荒钱’七十万。如果各地官员都仿效之，唐代举子也就没有打秋风的必要了。”

门阀贵族的终结

制科考试与常科考试不一样，参加者有进士，也有白衣百姓。比如盛唐时期的高适，“耻预常科”，直接参加了“有道科”的制举考试而中选。只不过这样成功的概率比较小。

有的人，实在是有某些特殊原因无法参加科举。比如李贺，他的父亲名叫李晋肃，“晋”与“进”谐音，所以李贺终其一生不能参加进士考试。韩愈在《讳辩》一文中为李贺鸣冤：如果因父亲名为“晋肃”，儿子就不能参加进士科考，那假如父亲名为“仁”，难道儿子终生不能为人吗?

李白也无法参加科举，因为他的父亲李客是一名商人。《唐六典》卷三记载：“工商之家不得预于士。”所以他根本没有参加科举的资格。这也解释了他为何又是入赘前任宰相家，又是请托玉真公主，他只有走这些路线才有可能当官。

唐代科举每次取士 30 人左右，录取比例大概在 2%，整个唐代进士也不过七八千人，所以能够高中者堪称人中龙凤。到了以“养士”闻名的宋代，为了笼络天下读书人，科举取士的比例大幅提高。宋太祖在位 17 年，共录取进士 188 名；而宋太宗格外“积极”，在位 21 年，举行了 8 次进士考试，一共录取 1 487 名，差不多每次 186 名；到了宋仁宗时，每次科考录取人数又大幅增加至 350 人左右。因此，宋代出现了严重的人才过剩和官民比例失调等弊端。

元代辛文房所撰《唐才子传》原本共十卷，记载了唐代 278 位（附传 120 位）才子的事迹，其中绝大多数与科举密切相关。对于无法参加科举的女性，辛文房也有名单记录，除了耳熟能详的李季兰、薛涛、鱼玄机之外，他还列举了一份名单：“刘媛、刘云、鲍君徽、崔仲容、道士元淳、薛缊、崔公达、张窈窕、程长文、梁琼、廉氏、姚月华、裴羽仙、刘瑶、常浩、葛鸦儿、崔莺莺、谭意哥、户部侍郎吉中孚妻张夫人、鲍参军妻文姬、杜羔妻赵氏（《南部新书》记载为‘刘氏’）、张建封妾盼盼、南楚材妻薛媛等，皆能华藻，才色双美者也。或望幸离宫，伤宠后掖；或以从军万里，断绝音耗；或祗役连年，迢遥风水；或为宕子妻，或为商人妇。花雨春夜，月露秋天，玄鸟将谢，宾鸿来届；捣锦石之流黄，织回文于缃绮，魂梦飞远，关山到难。当此时也，濡毫命素，写怨书怀，一语一联，俱堪堕泪。”对于政治人物，例如上官婉儿、宋氏姐妹等，他可能认为不适合列入。另外，崔莺莺等见于笔记小说，不见得确有其人。

当然我们必须指出，以往人们都很重视科举制对门阀政治基础产生的破坏作用，认为这是中国历史发展的大变化。但唐代科举制度漏洞远多于后世，尤其不糊名，导致人情、威权、金钱等都能左右科举考试的结果，很难说是一种完全公平的制度——达官贵人子弟肯定受照顾更多。

还有一个现象，就是门阀贵族在科举制刚兴起时的确被打了一个措手不及，但由于家大业大，家族整体文化水平高，所以很快适应了科举考试，可以说比一般的庶族子弟更适应科举。自古以来，“教育公平”更多指向的是“全民普遍受教育的权利”，而受教育者的顶级阶层永远和上层社会有很大重叠。科举制的出现的确提供了“朝为田舍郎，暮登天子堂”的理论可能，也大大促进了隋唐民间教育的发展，但传统的世家大族在经历了初期的震动之后，很快适应了新的入仕渠道。比如，高度推崇门荫入仕的李德裕就回忆祖父曾不屑于科举考试，但为了家族利益，参与科举并一举中第。“臣无名第，不当非进士。然臣祖天宝末以仕进无他岐，勉强随计，一举登第。自后家不置《文选》，盖恶其不根艺实。”（《新唐书·选举志》）他的家族就是贵胄赵郡李氏。另一个大家族清河崔氏入仕共计 287 人，根据夏炎《中古清河崔氏家传文化研究》统计，入仕途径有确切记载的 84 人——其中 18 人为门荫入仕，66 人为科举入仕。唐后期科举场上有个现象，就是弘农杨氏、范阳卢氏、荥阳郑氏等家族中举率极高，除了因为这些家族重视教育、人脉广，还有一个原因——这些家族日常教育里就有各种独到的应试技巧的培养。加上那时科举考试不糊名，可操作空间就更大了，所以科举制对于贵胄门阀的冲击并非一蹴而就，而是有个曲折的发展过程。

可以说，多种原因促成了门阀贵族的终结。虽然门阀贵族在科举考试中比寒门子弟更有优势，但科举考试毕竟让所有人坐在同一考场上，以相同的规则进行竞争，比起“上品无寒门，下品无势族”的魏晋南北朝，总算有进步，因为彼时寒门子弟连入场竞赛的资格都没有。另外，与科举配套的人事制度改革也有利于瓦解门阀大族的社会基础。即便是主簿、县尉那样的底层文官，也必须离开本乡本土，宦游几百上千里，因此门阀子弟无法像唐朝以前那样依靠家族在本乡本土的势力。而且为了考试方便，为了干谒权贵，门阀子弟被迫搬家去往靠近两京的州县，导致门阀子弟与家族传统地盘之间的联系被割裂，权贵家族的力量遭到弱化。晚唐，黄巢转战全国，杀了无数贵胄，“天街踏尽公卿骨”，对于本来就逐渐式微的门阀贵族来说，自然是更沉重的打击。到了宋代以后，中国已经没有真正意义上的贵族政治了。

武则天与科举

武则天对科举可以说影响巨大。关于科举，她有很多制度性的革新。她热衷于搞改革的重要原因是，已经意识到科举在打破贵族的文化、政治垄断方面的作用。武则天的武氏属于小姓。当年的大贵族都有哪些？五姓七家，崔卢李郑王，再加上京兆的韦氏、杜氏，弘农杨氏，渤海高氏，河东裴氏、薛氏，江南的顾陆朱张等，这些才是时人心目中的大家族。而武姓名不见经传，武则天很受歧视，因此她对这个现象深恶痛绝。武则天上台之后大兴科举，因为她知道科举能够打破贵族对文化和政治权力的垄断，而且能够拉近考生，也就是天下年轻读书人与皇帝之间的关系，何乐而不为？

殿试与武举

武则天对科举多有革新。比如说，她开创了殿试制度。

殿试在武则天之前，她丈夫唐高宗时就有了，但我们仍然说武则天是殿试的创始人，因为高宗时的殿试并不是一种固定的制度，是武则天将其固定下来。此后，一直到二十世纪初废除科举制，中国的皇帝都要搞殿试——皇帝在大殿上亲自主持考试。按理说，这个考试没什么必要，因为科举有专门负责的部门，再考一下有何意义？但实际上意义重大，体现出了武则天的心思缜密。通过这场考试，皇帝与考生之间可以建立起一层更亲近的师生关系，而不再仅仅是君臣关系。中国古代最重视的人伦就是父母与孩子之间的关系，除此之外最亲近的就是师生关系。中国古代有句话，叫“一日为师，终身为父”。此话不虚。那时候真的要把老师当尊亲来尊敬。史学界把师生关系称为拟血亲关系，就是像血亲关系一样亲密。皇帝在大殿上给考生主持一次考试，就等于在彼此之间建立了一层师生关系，要不为什么后来进士们都称自己为“天子门生”？叫天子门生就不得了了。君臣关系是那种冷冰冰的上下等级尊卑关系，可是一旦叫老师和门生，就有点温情脉脉了。武则天就是要打这张温情牌，她要获得天下年轻读书人的支持，所以她的殿试制度相对来说就很固定，用来拉拢读书人的心。殿试不是武则天最先开始的，却是她使其制度化，而且一直延续下来，直到二十世纪初。

在科举革新方面，武则天还开创了一种制度并为后世延续，即武举制度。在此之前，科举只考文人，不考武人。武则天有感于中国尚武精神败落，因此加设武举。有人问：中原人自古以来是不是勇武善战的民族？这个问题很难回答。中原人有尚武精神，但不是持之以恒的，它有周期性变化的现象：一旦有战乱，往往会培养起勇武善战的一代人来。中原人是农业民族，组织能力和技术水平比游牧民族要强要高，一旦重新注入尚武精神，很快就能培养起勇武善战的一代。这体现为，各个王朝开国之初，军队都很能打。但是为什么到了王朝中期或者晚期就不行了？最重要的原因是，农业民族跟游牧民族不一样，后者自小生长在马背上，勇武善战是他们的基因，他们射箭准，骑马技术也好，打仗的时候自然勇猛无敌。可是农业民族不一样，过久了太平日子之后，战斗经验就忘了，战斗精神也消磨了，就会呈现武力方面的颓废，这几乎是一个历史规律了。[1]

武则天时代就遇到了这样的问题。那时，唐朝已经建国八九十年，老百姓的日子过得舒服了，勇武善战的精神已经开始败落。尤其是在那个时候，府兵制已经瓦解，武则天发现，在几次对外战争中，兵员的素质明显有所下降。而且有一件事刺激了武则天。《资治通鉴》卷二百四记载："是岁，以右卫大将军泉献诚为左卫大将军。太后出金宝，命选南北牙善射者五人赌之，献诚第一，以让右玉钤卫大将军薛咄摩，咄摩复让献诚。献诚乃奏言：'陛下令选善射者，今多非汉官，窃恐四夷轻汉，请停此射。'太后善而从之。"有一次，武则天在官员当中举办射箭比赛，还设了赏额，最后名列前茅者全部是番将，也就是胡将，其中第一名是高句丽人泉献诚。泉献诚建议武则天以后不要再举办这样的比赛，前几名清一色是番将，传出去之后，会让四夷有轻中华之心。武则天听了他的建议，以后不再举办射箭比赛。可这么做属于鸵鸟政策，问题并未解决。武则天看见科举对文人影响这么巨大，

---

1 有关这个周期性变化，请参看雷海宗《中国文化与中国的兵》，商务印书馆，2001 年。

于是设置了武举，想用科举来刺激一下尚武精神。

武举考的内容比较复杂，而且文武两方面都要考。《唐会要》卷五十九记载：“凡武举，每岁孟冬，亦与计偕。有二科：一曰平试，射长垛三十发，不出第一院。二曰武举，试长垛、骑射、马枪、步射、材貌言语、翘关举重。”武举要考负重、骑马、射箭，还要考文化水平；要看身材，还要看相貌——因为古人比较迷信，他们觉得面相也能决定人的命运。武举创立以后确实起到了作用。比如武举培养出了唐朝的一位名将——郭子仪，挽救大唐的头号功臣。光培养出郭子仪这一件事，武举办得就不亏，何况武举还被历朝历代所继承。

加试杂文与唐代文学的发展

武则天对科举还有个重大影响，就是通过科举加试杂文，大大促进了唐朝文学的兴盛。在武则天以前，进士科考试内容是时务策五道，帖一大经，即考时政五道题，再背写一篇经文。永隆二年（681），考功员外郎刘思立请求进士科加试杂文两篇（诗词歌赋）。诗词歌赋原本被视为文人业余雅兴，雕虫小技，不如经学那么高大上，不过武则天喜欢，而且一生酷爱。681 年，唐高宗已经病入膏肓，武则天是实际的掌权人，所以刘思立此举可谓投其所好。

唐诗宋词是中国文学史上的两座丰碑。这里有个有趣的现象：如果问大众唐朝有哪些大诗人，很多人想到的就是李白、杜甫、王维、白居易、元稹、韩愈、刘禹锡、柳宗元、温庭筠、皮日休、韦庄等，这些人有个共同特点，即基本都是武则天以后的人。如果问武则天之前都有哪些人，一般来讲，如果不是专门做历史或文学史研究的话，最多也就说出“初唐四杰”来。

唐朝的文人、大诗人，前期和中后期怎么会有这么大的差别？武则天时代为何成了分水岭？这跟武则天对科举的刺激密切相关。在武则天之前科举主要考经学，当年的科举就跟现在的高考一样，是风向标。现代网民戏称，一生当中知识最丰富的年代是高三年龄段，那时候你上通天文，下晓地理，古今中外无所不知。为什么高三的时候博闻强识？是高考的刺激。唐朝的科举也一样，科举考什么，人们就对什么感兴趣，就花极大的精力去学。武则天自己非常爱好文学，是个书法家、文学家。她在科举当中加试杂文之后，那年代的读书人就把精力全部投入这些方面的创作，诗词歌赋一下子变得兴盛起来。唐代涌现出那么多伟大的诗人，是因为有庞大的群众基础。用《通典》的话讲，“太后颇涉文史，好雕虫之艺，永隆中始以文章选士”，这带来的现象是，“父教其子，兄教其弟，无所易业。大者登台阁，小者仕郡县。资身奉家，各得其足，五尺童子，耻不言文墨焉”。唐朝学习文学的风气兴盛到这样一种地步。

这里有一点需要讲解：武则天有没有发明糊名制，也就是密封判卷？唐代不是完全没有糊名制，只是没有用在进士科考试中，而是用在了吏部铨选中。《隋唐嘉话》卷下记载：“武后以吏部选人多不实，乃令试日自糊其名，暗考以定等第。判之糊名，自此始也。”后来，武则天觉得这样做有碍选拔俊才，于天册万岁元年

（695）停止糊名考判。唐玄宗开元十五年（727）之前又恢复了这个制度。《唐会要》卷七十五记载："今年吏部选人，宜依例糊名试判。临时考第奏闻。"既然是"依例"，说明在开元十五年之前，吏部考试糊名制度就已经恢复。刘海峰《唐代考试糊名起始时间再析》一文认为，至少在前一年（开元十四年），长安和洛阳的吏部铨选已经恢复糊名制。

刘海峰的文章还考证认为，糊名制一度也用到制科考试中，实施者还是武则天。永昌元年（689），在贤良方正科考试中使用了糊名考校法。唐后期博学鸿词科考试、书判拔萃科考试也有糊名制，但是时断时续，并未像宋代那样形成定制。所以在唐朝的科举考试中，人情、暗箱操作一直不断。不过凡事都有两面性，不糊名使得那些名声响亮的考生更容易出人头地，当然，也反衬出像李白那样名声响亮却受制于出身的文人的无奈。

盛唐长安与曲江宴饮

长安，科举的核心地带，留下了很多与科举相关的遗迹。“龙衔宝盖承朝日，凤吐流苏带晚霞。”（卢照邻《长安古意》）文人墨客的笔下常会留下那时的繁华。下面我们就来从城市规模、人口、东西市发展等角度聊聊盛唐长安究竟有多辉煌：雍容华贵，热闹非凡，艳而不俗。

盛唐长安

长安，就是今天的西安。长安作为都城的历史可以追溯到先秦时期。西周时，这里叫作“丰镐”，位于西安市长安区马王镇、斗门镇一带的沣河两岸，是周文王所建丰京和周武王所建镐京的合称。

“长安”这个名字出现得则比较晚，始于汉高祖刘邦时期。刘邦击败项羽之后登基称帝，但是国都定在哪里颇费思量。战乱多年，国家一片凋敝，只有洛阳等少数几个地方还像个城市；加上洛阳曾是东周国都，还有点基础，所以刘邦初步打算定都于此。

但是一名戍卒娄敬（后因刘邦赐姓改名刘敬）站出来表示反对，他认为洛阳是一个四战之地，交通便利，但不利于防御，而关中地区才是王业之地。他说："且夫秦地被山带河，四塞以为固，卒然有急，百万之众可具也。因秦之故，资甚美膏腴之地，此所谓天府者也。陛下入关而都之，山东虽乱，秦之故地可全而有也。夫与人斗，不搤其亢，拊其背，未能全其胜也。今陛下入关而都，案秦之故地，此亦搤天下之亢而拊其背也。"（《史记·刘敬叔孙通列传》）这个建议得到了张良的大力支持。这段话有两层含义：第一，关中地区四面都有天险，进可攻，退可守，地势有利于掌控战略主动权；第二，关中地区农业发达，号称"天府"（这个词首见于《战国策·秦策》，指的是当时的关中），拥有这里就有了雄厚的物质基础。要知道，娄敬说这番话的时候，天下刚刚平定，由于战争时期的利益分配，刘邦违心分封了许多异姓诸侯，他们正虎视眈眈，刘邦还没有做到真正掌控全局。刘邦也好，娄敬也好，张良也好，他们思维的出发点仍然是军事战略，关中地区的战略优势很对他们的胃口。于是刘邦听从了娄敬的建议，正式定都关中，从此奠定了一个辉煌大帝国的基础。

历史证明，这个选择是正确的。长安是中国历史最悠久的古都之一。中国历史上最强盛且享国绵长的西汉、唐朝均定都于此不是偶然的，地理、人口、经济优势使这里成为立都的首选之地。唐以后，中国经济重心南移，文化重心也逐步向南方转移，加上关中地区自然环境遭到破坏，土地承载力下降，关中也就逐渐丧失了这种优势。

当时，对于刘邦来说有一个大难题，就是关中地区没有像样的城市可以做首都。秦都咸阳原本富丽堂皇，但是被项羽一把火烧了三个月，成了巨大的瓦砾堆。怎么办？只有一个办法，就是新建一座都城。这就是汉长安城。当时的工程人员在渭水以南寻找合适的地点，发现了秦代长安乡周围地势很理想，这个名字太吉利了，新建的汉王朝需要的就是长治久安，于是这个乡名就上升为一个千年帝都的名称了。汉高祖驾崩后，他的陵墓叫“长陵”，汉朝第二个皇帝汉惠帝的陵墓叫“安陵”，合起来就是“长安”，可见他们有多喜爱这个名称。

但要强调的是，汉代长安城跟隋唐长安城可不是一回事，汉代长安城在隋唐长安城的西北方向，也就是今天西安市的未央区这个范围内。未央区为何得名？就是因为有未央宫。隋文帝时，汉代长安城宫室凋敝，而且地下水污染严重。要知道，从汉高祖刘邦到隋文帝这个时代，已经过去将近八百年，八百年来多少人在这里生活过。大量的生活污水污染了地下水，形成了所谓“肥水”。李健超《汉唐长安城与明清西安城地下水的污染》认为，“人畜粪便以及许多遗弃的含氮有机物经过微生物的分解，在雨水淋洗等因素的作用下逐渐渗在一定土层部位累积下来，通过潜水溶解，并沿着潜水的流向向一定方向扩展”，导致水皆咸卤。（这里顺便说一下，隋唐长安城采取的生活污水排放模式与汉代没有本质区别，所以地下水污染在唐以后又逐渐出现。）因此隋文帝决定废掉原来的长安城，另选新址，修建新的长安城。以龙首塬为起点，向南铺开建了一座新城，就是我们所说的隋唐长安城。隋文帝曾经被封大兴郡公，所以这座新城也称“大兴城”，但人们习惯上仍然称其为“长安”。

隋唐长安城是一个比较规整的长方形，中轴线对称，严格的左右对称，棋盘状的布局，东西长 9 721 米，南北宽 8 651.7 米，周长约 36 公里，总面积是 84.1 平方公里（不包括大明宫的 3.4 平方公里），这些都是现代考古数据。我们今天看到的西安古城墙为明代所建，隋唐长安城比明代的西安城要大六倍。皇帝居住的宫城位于整个城市的最北端。宫城以南是皇城，皇城是政府机构集中的地方。整个外郭城有 9 座城门，14 条东西大街，11 条南北大街，而且有 110 个坊，当然坊的数量随着时代的不同而前后有变化。此外，还有都会市（唐代称“东市”）和利人市（唐代称“西市”）两个巨型的市场。

唐代的城门有专门的管理者，定时开闭，而且有“入左出右”的规定，这是唐太宗时期宰相马周规定的。《隋唐嘉话》卷中记载：“旧诸街晨昏传叫，以警行者，代之以鼓，城门入由左，出由右：皆（马）周法也。”有的朋友可能会笑：说一句“靠右行”不就行了，入左出右不是一回事吗？以前有个笑话，说民国时期有个军阀，听说交通规则是靠右行，就问：“那左边谁走？”其实唐代这个规定中的“左”和“右”不是行人的左右，而是城门之左右。

在唐代长安城的平面图上，北面正中区域就是所谓的“宫城”，是皇帝居住的地方。它的南面就是所谓的“皇城”，即政府机构所在地。除了西市、东市两个市场，剩下的棋盘状的格子就是老百姓住的地方。同时，注意比较隋文帝刚建长安城的时候，东北角并没有凸出来的一块，这是唐代贞观八年以后增建的。唐高宗和武则天时期，把它扩建为大明宫。所以，看到古长安城平面图，无法判断到底是隋代的还是唐代的时候，一定要看一下东北角有没有凸出来的一块，这是一个主要的区别。

唐代长安城的平面图整齐得像棋盘一样，白居易还写诗形容像菜畦，就是和菜地一样整齐，而且道路横平竖直：正东、正南、正西、正北。现在的西安，由于主城区就是老城区那一带，很多街道沿用的是隋唐时期旧街道的走向，因此横平竖直。做过首都的城市，一般街道都横平竖直。长安城有多少个坊？其实由于宫室设置的不同，坊的数量前后会有变化，一般在108—110个。

隋唐时期的建筑辉煌壮丽。比如说朱雀大街，按照《长安志》的记载，宽度达100步。古代是走两步相加，才叫一步。因此唐人说的一步大致相当于现在的160厘米。100步即160米。考古实测数据是朱雀大街的平均宽度为155米，跟文献记载的基本一致。现在北京的东西长安街平均宽度为120米，朱雀大街比它还要宽，可见当年有多辉煌壮丽。顾炎武写《日知录》时，就曾经称赞他所见到的唐代旧建筑的辉煌壮丽："予见天下州之为唐旧治者，其城郭必皆宽广，街道必皆正直。廨舍之为唐旧创者，其基址必皆弘敞。宋以下所置，时弥近者制弥陋。"各地州县城池是隋唐旧址的话，城郭必然宽敞，街道必然笔直，建筑个体宏伟。宋代以下，一代不如一代。顾炎武处在明末清初，能看到的唐代旧址比我们多很多，他非常欣赏隋唐建筑。

另外，隋唐长安城非常繁华。长安城有100万人口，是整个东方世界的中心。当时长安城里的东市、西市繁华得很，都有上万家店铺，各种商品琳琅满目，很多还充满了异国情调，因为丝绸之路文明非常繁盛。这里还有李白最爱的胡姬酒肆，就是有胡人女孩子当服务员的酒馆。唐代的大城市，包括长安、洛阳，还实行坊市制度，沿用北魏以来的制度，将居民区与商业区分隔。这是重农抑商的一种体现：限制商品经济活动的时间和空间；坊市制度还伴随着宵禁。现在到西安，能够看到大唐不夜城，非常热闹，非常繁华，这可能是中国目前最好的公共演艺广场之一了。

唐代真的有大唐不夜城吗？

话说回来，唐代真的有大唐不夜城吗？真的有，但是一年只有那么几天，就是上元节前后三天。其他时候一到傍黑，城门关闭，坊门关闭，赶紧回家，晚上金吾卫要上街巡逻。市场也是这样，有坊市制度，正午开门，日落宵禁前就得关门，大大限制了商品交易活动的时间和空间。但是每到上元节这几天，不宵禁，因此热闹得不得了。大家逮着这个自由的机会去狂欢，男女杂游。据说有的还戴着面具，就跟狂欢节一模一样。这个上元节还曾经引发唐中宗时期三千宫女大逃亡。但是这样的制度没有延续多久。为什么？因为坊市制度和宵禁有点太不近人情。人是社会性动物，交换是我们的本能。坊市制度将居民区和商业区分隔，居民区里连个针头线脑的买卖都不能进行，所有买卖都只能到东市西市去，太不人性化了。

这样的制度并没有维持太久。首先，坊市制度是只限于长安、洛阳还是全国城市普遍实行，值得怀疑。[1] 扬州等商业城市很可能

1 参看包伟民《说“坊”——唐宋城市制度演变与地方志书的“书写”》。

就没有严格执行，扬州城内普遍设置坊可能晚至罗城修筑时。也就是说，扬州城与长安、洛阳的管理制度并不一致，市相对来说比较自由。其次，即便是在长安、洛阳，坊内进行的商品交易活动也是屡禁不止，还开辟了各种食店、逆旅、商肆，甚至砖瓦场，连坊墙也被商人破坏，以方便通行。这种破坏至唐后期已经形成燎原之势，坊市制度逐渐瓦解。除此之外，还有城外草市的兴起，这种自发形成的市场不受城郭的限制，更加自由。

到了五代，坊市制度已经名存实亡。北宋初年想恢复旧格局，但也只是浅尝辄止。自发形成的草市围绕大都市鳞次栉比地出现，城墙不再是居民身份的限制，城郭内外居民身份等同。

既然没了限制，中国商人的“996”工作制就开始了。早在唐代，夜市就已经出现。“夜市千灯照碧云，高楼红袖客纷纷。”（王建《夜看扬州市》）“沿溜入阊门，千灯夜市喧。”（卢纶《送吉中孚校书归楚州旧山》）“君到姑苏见，人家尽枕河。古宫闲地少，水港小桥多。夜市卖菱藕，春船载绮罗。遥知未眠月，乡思在渔歌。”（杜荀鹤《送人游吴》）

宋太祖规定开封未到三鼓（晚上11点至凌晨1点）不得宵禁，大大延长了商业活动的时间。宋仁宗正式废除了宵禁令，此后开封等大都市相继出现早市和夜市。《东京梦华录》卷三记载：“夜市直至三更尽，才五更又复开张。如要闹去处，通晓不绝……冬月虽大风雪阴雨，亦有夜市。”《挥麈后录》卷六记载：“至一二鼓，夜市犹未散，列烛以归。”《春明退朝录》也说：“京师街衢置鼓于小楼之上，以警昏晓。太宗时命张公洎制坊名，列牌于楼上。按唐马周始建议置冬冬鼓，惟两京有之。后北都亦有冬冬鼓，是则京都之制也。二纪以来，不闻街鼓之声，金吾之职废矣。”唐代负责巡夜的是左右金吾卫，宋敏求的这段话是在说宋代宵禁制度的消失，也可以说宋代工商业经营的时间是自由的。

与科举文化密切相关的是曲江池和大雁塔等。

曲江池在长安城东南角，原本是汉代开凿的一个人工湖，是一大片水面；到了隋文帝修建大兴城时，它作为名胜被保留下来。隋文帝比较迷信，他觉得曲江池的“曲”字不够吉利，因此给它改名叫芙蓉池。

曲江池风光秀丽，而且周边的名胜古迹非常多，其中就包括著名的大雁塔、乐游原、青龙寺等。杜甫的“三月三日天气新，长安水边多丽人”描写的也是这里。在唐代的曲江池、兴庆宫这些有水的地方，到了端午节还会举行赛龙舟的活动，唐穆宗就曾经亲临现场观看赛龙舟。这里的“赛”字最早并不是“比赛”的意思，而是“酬答神恩”，就是报答神灵。所以，赛龙舟原本是古代祭祀活动中的赛神活动。“赛”的原始含义就是这样，后来引申出“竞技”的意思，包括为了祭祀河神而往江里投粽子。江绍原、闻一多都写文章考证过：端午节的民俗，吃粽子也好，赛龙舟也好，原本跟屈原没有关系。屈原投水自杀后，人们同情他，才把这个民俗和他联系在一起。

还有个长安人都不想错过的盛景，那就是进士们的曲江宴饮。《国史补》记载：“既捷，列名于慈恩寺塔，谓之题名。大宴于曲江亭子，谓之曲江会。曲江大会在关试后，亦谓之关宴。宴后同年各有所之，亦谓之为离会。”也就是说，进士们考中后，要去慈恩寺塔（大雁塔）题名，然后在曲江亭举行宴会。

慈恩寺塔题名

大雁塔是现代西安的地标，“雁塔题名”至少在唐中宗神龙年间就已经形成惯例，后来慢慢成了现代“考试成功”的代名词。但是我们注意到唐人都称其为“慈恩寺塔题名”，几乎不见称为“雁塔题名”者，这是为什么呢？原来，“雁塔”之名在唐代并不专属于慈恩寺塔，现代《大慈恩寺志》已经明确指出这一点：

> “雁塔”之名缘何而得，又起自何时？慈恩寺塔仿印度塔式而建，这是没有疑义的，《大慈恩寺三藏法师传》有明文记载，已如上述，不赘。至于为什么叫“雁塔”，曾有种种说法，总而分之则有二说。一是《大唐西域记》卷九“摩揭陀国”条所载飞雁坠寺充三净肉，小乘教徒为之悲感，幡然觉悟，皈依大乘，为坠雁建窣堵坡（塔），昭其遗烈。《大慈恩寺三藏法师传》也讲述了内容基本相同的故事，只是地点不同罢了，即前者发生在迦罗臂拏迦色佛寺，后者则发生在因陀罗势罗窭诃山佛寺。因此故，慈恩寺塔沿称“雁塔”。二是《大唐西域记》卷九“摩揭陀国”条所载因陀罗势罗窭诃山佛寺如来化鸽投火供解“罗者”家室饥，复随机说法启悟“罗者”，“罗者”最后舍家为寺修学佛法，寺称“鸽伽蓝”。阎文儒先生《西京胜迹考》认为唐人有以鸽为雁之习尚，故“雁塔”之名亦应与此有关。此外种种关于“雁塔”由来的说法不外以上二说的附会或衍生。这些说法或许不无道理，但就实际而言，“雁塔”之名并不是从一开始就有，也不是正式的

命名，而且后来取名的原因似乎也不仅仅与上述记载说法有关。据最原始的文献资料《大慈恩寺三藏法师传》的记载，慈恩寺塔建好后，无论官方或一般僧俗都未曾给此塔起过具体的名字；尽管玄奘法师的《大唐西域记》在建塔之前已经流行，但在那时，也没有人根据其中的有关故事而称慈恩寺塔为“雁塔”；又慈恩寺塔从建立时开始便成了帝京长安的一处名胜，是文人墨客吟咏的对象。一部《全唐诗》有关该寺塔的吟咏在百首左右，诗的题目绝大部分用“慈恩寺塔”或“慈恩寺浮图（屠）”相称，以“雁塔”为题或者在诗中提到“雁塔”两字者总共不过二三首，如给事中杨廉《奉和九月九日登慈恩寺浮图应制》诗中有“慈云浮雁塔”句，中宗时幽州都督孙佺在与上相同的诗题诗中亦有“一忻陪雁塔”句。值得注意的是，这些诗作的出现都是在武则天世新塔建成之后。直到唐文宗大和（827—835）中许玫登进士第，这才正式以雁塔为诗题，是谓《题雁塔》。这说明，“雁塔”或“大雁塔”之名在唐代时并不普遍流行。

可见，在唐代，“慈恩寺塔”才是日常的称谓，而“雁塔”则非常罕见。关于“雁塔”一词的由来，孙英刚《大雁塔为什么叫“雁塔”——从犍陀罗到长安》有新观点，认为“雁塔”一词来自梵语 hamsa（“印度教神鸟”），被佛教吸收，以“桓娑”为译名，是舍利供养符号。“雁塔”是唐人对于供奉舍利的塔的通称，并不特指慈恩寺塔。

综合以上可以说，唐代有过多座“雁塔”，只是后来其他塔慢慢消失，唐朝以后才逐渐专指慈恩寺塔。

慈恩寺塔题名既然有如此高的门槛，那么能题名者自然得意扬扬，白居易就是其中之一。“慈恩塔下题名处，十七人中最少年”，就是他在 27 岁考中进士后的得意之语，不仅表达了欣喜之情，还有“卷死”同年们的意思。所谓“五十少进士”，27 岁考中进士，虽然不是唐代最年轻的纪录，也是足以傲视同年的优异成绩了。

遗憾的是，现代大雁塔内唐代进士们的题词已不可见，余下的只有宋代以后人们的题刻。但是有两卷珍贵的拓本流传下来，即中国社科院考古研究所收藏的《慈恩雁塔唐贤题名帖》宋拓残卷，残卷有题记，保留了从唐德宗贞元二年（786）至唐懿宗咸通四年（863）的近百人题名。卷尾均有清代翁方纲长跋。关于这个拓本，杏林《中国法帖史》介绍说：“柳瑊，宋宣和时人。柳氏见到塔上题名壁石断裂，又经火焚，墨迹已模糊难辨，感到惋惜，便将字迹摹勒上石，刻成《题名帖》十卷。宋陈思在《宝刻丛编》中有记述：‘五季寺废，惟雁塔岿然独存，有僧莲芳，始葺新之，塔之内外，皆以涂塈，唐人题字，不复可见。元丰间，塔再火，乡人王正叔始见画壁断裂，自划刮甃甓，得题名数十，乃录以归，屡白好事者使刻石。建今逾四十年，卒不果。宣和戊戌，察仇书东观，偶与同年柳伯和（柳瑊）纵谈及此，击节怅然。明年，伯和出使咸秦，暇日率同僚登绝顶，始命尽划断壁，而所得尤富，皆前此未之见者，又俾刊者李知常、知本摹拓，随其断缺，不复敢增益一字。时正叔隐居里中，素工书法，乃属以次第标目，分十卷，刻于塔之西南隅。于是一代奇迹，烂然在目。’此帖前有

‘慈恩雁塔唐贤题名卷’，后有‘宣和庚子岁十月旦大名柳瑊模勒上石’，最初拓本为十卷，现仅存宋拓两卷，原石在宋末便已佚。”也就是说，五代时慈恩寺废，大雁塔独存，有僧人修葺此塔，却将塔内唐人墨笔题名全都涂抹掩盖，宋元丰年间，塔内失火，题名再次遭遇劫难，有王正叔者，感到十分惋惜，于是自刮墙壁，录下数十人的名字，并且到处呼吁临摹刻石存之永久，但是多年未成。宣和年间柳瑊听闻此事，十分感慨。利用出使长安的机会，与同僚同登大雁塔，刮掉更多的墙皮，发现大量题名，于是展开了临摹、刻石等工作，分为十卷，刻石安置于大雁塔西南隅，原石已经不见，现在只存宋拓本两卷。

金榜题名后，长安会举办一系列盛大活动：登榜者于放榜翌日先集体赴曲江杏园，推举两名年少英俊者为“探花使者”。唐李淖《秦中岁时记》记载：“进士杏园初宴，谓之探花宴。差少俊二人为探花使，遍游名园。若他人先折花，二使皆被罚。”时值春季，百花盛开，进士中两名年少者作为“探花使”骑马遍访城中名园，采回各种鲜花，假如被他人抢先，则两人皆被罚。然后就是大摆宴席，此所谓“曲江会”，一名“杏花宴”。

曲江宴饮的盛况

曲江宴会一般在吏部关试之后。何谓关试？陈文静《唐代吏部关试与判文》一文指出：

作为“关试”，有着两重意义，即一则礼部将考过省试、新及第的举子移交给吏部，使及第的举子作为参加吏部铨试选人的一种形式，也就是说，可以简单地理解为，对于礼部而言，是一种手续，对于吏部而言，则为接收的规程，即“关”之意；一则吏部试判二道的考试以接收礼部移交的这些新及第的举子，也就是说，可以理解为“吏部试也”，即“试”之意。具体地，尚书省礼部（本文统作以开元二十四年及其后改由礼部侍郎知贡举）先将及第的举子放榜后，再将他们详细的个人信息，如籍贯、三代名讳以及考试情况等，写成制关状，交给吏部。两部交接时，要用关牒的形式通知关白吏部，这些人是现交吏部待选了，即“礼部始关吏部”。

……关试内容为“试判两节”，即模拟公案下判词两道。这两道判词较铨选之判，则简短许多。一般几十字左右，因而也称“短行”：“韩中丞仪尝有知闻近过关试，仪以一篇纪之，曰‘短行’。”其文体形式，是当时的四六骈文，所以，对于及第的举子而言，是较为简单的。其实，关试成绩的好坏，与之后的铨选拟授官职基本没有任何关系，但，关试则是举子获取春关、参加铨选的必经的手续与考试。

由于关试所试的内容对于及第举子而言，较为简单，一般情况下，但凡参加，就可以通过。因此，及第的举子对于关试并不是很重视，以致出现相互抄袭、代考，甚至索性弃考的现象。据《登科记考》所载，“近岁关试内，多以假为名，求适他处”，这些新第举子，宁可请假去他处游玩，也不参加关试。可见，关试在新及第的举子心中，地位是很低微的。又如《册府元龟》记载，唐长兴元年十月，吏部南曹进行关试，刘莹、李斐、李锐、李道全、宋延美五人，所试判语全部相同，他们甚至辩称，草稿时便构思誊写，恰好相同而已，不知晓判语不可以相同的。很显然，这是相互抄袭之果。但，即便如此，吏部南曹还是授发他们春关了。可见，关试在当时的地位之低了。

每次曲江池举行宴饮的时候，长安城万人空巷，老百姓都来一睹新科进士的风采，人山人海。其中不乏众多大家闺秀，她们有自己的小心思——到这里看看能不能给自己找到如意郎君。

这个过程中还曾经闹过大笑话。《太平广记》卷二百六十五引《唐摭言》："乾符四年（877），新进士曲江春宴。甲于常年。有温定者，久困场籍，坦率自恣，尤愤时之浮薄，因设奇以侮之。至其日，蒙衣肩舆，金翠之饰，夐出于众，侍婢皆称是，徘徊于柳荫之下。俄顷诸公自露棚移乐登鹢首。既而谓是豪贵，其中姝丽必矣，因遣促舟而进，莫不注视于此，或肆调谑不已。群兴方酣，定乃于帘间垂足定膝，胫极伟而长毳。众忽睹之，皆掩袂亟命回舟避之。或曰：'此必温定也。'"晚唐时期，有考生温定，多年未曾及第，最后变成愤世嫉俗之人，于是设计捉弄新科进士。乾符四年，新科进士们举办曲江宴饮，在曲江池中间的大船上举办宴会，周边的老百姓都来围观。进士们正在推杯换盏，酒酣耳热之际，抬头一看，岸边来了一群人，全都是一些侍女，穿着非常华丽的服饰，中间还有一顶轿子，轿子也非常华美。进士们年少轻狂，再加上酒精刺激，轻薄得不得了，一看见轿子，以为是大家闺秀来选婿，于是让船靠到岸边去，开始用语言挑逗轿子中的美女。等气氛比较热烈了，只见那个轿子帘儿掀开了一条缝儿，伸出来一条腿，裙子往上面一拉，露出了一条又黑又粗、长满黑毛的大腿，即所谓“胫极伟而长毳”。这当然不是大家闺秀的腿，而是温定的腿。进士们一看，掩袂而走，还互相说“肯定是温定”。

曲江宴饮曾经发生过悲剧。《唐摭言》卷三记载：“罗玠，贞元五年及第。关宴，曲江泛舟，舟沉，玠以溺死。后有关宴前卒者，谓之‘报罗’。”按照《唐登科记考》的考证，罗玠为进士、御史，那么这场悲剧发生时他应该是以官员身份参与的，却因为沉舟而死。后来但凡有曲江宴会前去世的进士，人们都称为“报罗”。

唐后期，新进士还会在月灯阁举办打球（马球）之宴。《唐摭言》中记载，乾符四年的月灯阁打球宴上，新进士刘覃打球赢了数名神策军打球军将，其人败走时，“时阁下数千人，因之大呼笑，久而方止”。

曲江宴饮时，皇帝有时候还给新科进士们赐酒、赐食物，表达对他们的赞赏。说到皇帝赐酒，用酒可能来自郢酒坊。郢酒坊不是普通的居民坊，它是长安城内宫廷里生产美酒的一个地方。《唐六典》卷十五记载：“今内有郢州春酒，本因其州出美酒。初，张去奢为刺史，进其法。今则取郢州人为酒匠，以供御及特燕赐。”开元时期，郢州这个地方盛产美酒，所以宫里请郢州的酒家设了一个作坊，就是郢酒坊。进士们喝的应该是这种酒。唐李德裕《会昌一品集》记载，到了夏天，皇帝经常给翰林学士赏赐郢水和冰。郢水就是郢酒。可为什么还要赐冰？那个年代，夏天能够吃到冰可是很奢侈，因为都是冬天从山里或者河里取来大冰块，埋到极深的地窖里。这种地窖叫作“凌阴”，比一般的地窖复杂很多，要有排水设施，要有几重门，挖得还要非常深。因此能够拥有“凌阴”的，非富即贵。《岁时广记》中有这么一句话：“长安冰雪，至夏月，则价等金璧。”意思是说长安的冰块到了夏天，跟金玉等价。所以冰是奢侈品，皇上给你赐冰，那是极大的优待。赐郢酒自然也是非同一般的待遇。

除了进士们曲江宴饮，据《封氏闻见记》记载，唐代盛行的另一种宴会也和科举、官场有关。凡是新考中进士或者升官，都要大宴宾朋，甚至向皇帝进献美食，称为“烧尾宴”。“烧尾”一词的含义说法不一。一种是《琅嬛记》《徐文长文集》《涌幢小品》《夜航船》等所说的鲤鱼化龙时，有雷电烧掉尾巴，“烧尾”有“鱼化龙，登龙门”的意思。第二种说法是《谈苑》《侯鲭录》等记载的“虎变为人，唯尾不化，须为焚除，乃得成人”。第三种说法是《封氏闻见记》《唐语林》等记载的“新羊入群，乃为诸羊所触，不相亲附，火烧其尾，则定”。

景龙三年，唐中宗和韦皇后的红人韦巨源官拜宰相，依照惯例向唐中宗进献“烧尾”食品。这份珍贵的食单载于北宋陶谷《清异录》卷下“馔羞门·单笼金乳酥”条，亦见于明陶宗仪《说郛》卷九十五上，被称为“韦巨源食谱”，又名“韦巨源烧尾宴食单”：

单笼金乳酥（是饼，但用独隔，通笼欲气隔）

曼陀样夹饼（公厅炉）

巨胜奴（酥蜜寒具）

婆罗门轻高面（笼蒸）

贵妃红（加味红酥）

七返膏（七卷作四花，恐是糕子）

金铃炙（酥揽印脂取真）

御黄王母饭（遍缕印脂，盖饭面装杂味）

通花软牛肠（胎用羊膏髓）

光明虾炙（生虾则可用）

生进二十四气馄饨（花形馅料各异，凡二十四种）

生进鸭花汤饼（厨典入内下汤）

同心生结脯（先结后风干）

见风消（油浴饼）

金银夹花平截（剔蟹细碎卷）

火焰盏口䭔（上言花，下言体）

冷蟾儿羹（冷蛤蜊）

唐安餤（斗花）

水晶龙凤糕（枣米蒸破，见花乃进）

双拌方破饼（饼料花角）

玉露团（雕酥）

汉宫棋（钱能印花煮）

长生粥（进料）

天花饆饠（九炼香）

赐绯含香粽子（蜜淋）

甜雪（蜜爁太例面）

八方寒食饼（用木范）

素蒸音声部（面蒸象蓬莱仙人，凡七十字）

白龙臛（治鳜肉）

金粟平饈（鱼子）

凤凰胎（杂治鱼白）

羊皮花丝（长及尺）

逡巡酱（鱼羊体）

乳酿鱼（完进）

丁子香淋脍（醋别）

葱醋鸡（入笼）

吴兴连带鲊（不发缸）

西江料（蒸彘肩屑）

红羊枝杖（蹄上栽一羊得四事）

升平炙（治羊鹿舌拌三百数）

八仙盘（剔鹅作八副）

雪婴儿（治蛙豆荚贴）

仙人脔（乳沦鸡）

小天酥（鹿鸡糁拌）

分装蒸腊熊（存白）

卯羹（纯兔）

青凉臛碎（封狸肉夹脂）

箸头春（炙活鹑子）

暖寒花酿驴蒸（耿烂）

水炼犊（炙尽火力）

五生盘（羊、豕、牛、熊、鹿并细治）

格食（羊肉肠脏缠豆荚各别）

过门香（薄治群物，入沸油烹）

缠花云梦肉（卷镇）

红罗饤（膋血）

遍地锦装鳖（羊脂鸭卵脂副）

蕃体间缕宝相肝（盘七升）

汤浴绣丸（肉糜治隐卵花）

史月梅《唐代烧尾宴考释》一文写道：

虽然这只是一份不完全的食单，但已是琳琅满目，令人咋舌。食单中共列有各色菜点58种，其中糕点类20多种，菜肴类32种，名目繁多，用料讲究，以蒸、炸、烤、烹、煮为主，且多是提前加工的半成品，宴席当日略加烹调即可上桌，蒸饼、酥饼、肉丸等方便摆盘的面食就有多道。这桌宴席的最大特色是追求菜色的搭配与品相的精美，连名字也起得很风雅。如巨胜奴，是一种用蜂蜜、酥油和面，油炸而成的点心，即俗称的“馓子”，因古人多在寒食禁烟火时当干粮用，故名寒具。宋苏轼《寒具诗》云：“纤手搓成玉数寻，碧油煎出嫩黄深。”写的就是这种食品。再如贵妃红，一种多口味的红色酥点。还有水晶龙凤糕，其实就是糯米粉枣糕。汤浴绣丸，是以鸡蛋和肉糜拌匀做成的浇汁丸子。其次烧尾宴的每道菜做工都极为讲究，如生进二十四气馄饨，取二十四节气，花形、馅料各异的二十四种口味的馄饨，可谓颇费心思和工夫。再如鸭花汤饼，类似如今的拉面、烩面，不过形状略有不同，由厨师现场操作，将面揉搓成薄片下锅，现做现吃。第三，从中可以看出一些北方宴席的特点。一是面点多，米食少，如宴席上的那道看菜“素蒸音声部”，其实就是供观赏用的面人儿。二是从肉食取材上看，有熊、鹿、狸、虾、蟹、青蛙、鳖、鱼、鸡、鸭、鹅、鹌鹑、猪、牛、羊、兔等，以北方食材为主。值得注意的是有些烹饪方法现在很风行，只是名目不同，如御黄王母饭，即煲仔饭，金铃炙、光明虾炙、升平炙、箸头春、水炼犊，均为烧烤。

这些菜品不仅奢华，还有讨彩头的寓意。例如“赐绯含香粽子，蜜淋”，赐绯可能是指外裹叶子的颜色，自古以来包粽子的叶子多种多样，有的煮熟之后会发红。据说，采用三伏天采摘的箬叶，糯米内加入适量碱水，煮熟之后叶子会变红，不排除韦巨源家使用了类似这样的做法。以赐绯为名也是配合“烧尾宴”的原意，即为官员举办的宴会，预祝食者升官，因为唐代官服以颜色定等级。三品以上服紫；四品、五品以上服绯，即红色；六品、七品服绿；八品、九品服青。所以，“赐绯含香”的寓意是官服由低级官员的绿色变为高级官员的红色。

唐代皇帝赏赐给新科进士的食物中有月饼吗？

说到进士宴饮，还有一个相关的话题，就是月饼的历史。网上盛行一种说法，即月饼最早见于西周，且是唐代皇帝赏赐给新科进士的食物。此说法可靠吗？

不可靠，西周无月饼，唐代也无皇帝赏赐月饼之事。一个在新疆吐鲁番出土的唐代的饼，经常被当作唐代有月饼的证据。但这不是月饼，其正式名称叫作“宝相花纹胡饼”，乍看起来的确很像月饼，其实跟中秋节并没有关系。宝相花是特别具有唐代特色的一种纹样，但自然界中并不存在这种花，它其实是多种花的变形。“宝相”是佛教徒对佛像的一种尊称，宝相花象征着庄严、端庄、美丽，从魏晋南北朝开始就已经出现宝相花纹样。到了唐代，宝相花不光用在佛教器物，在日常生活器具和织物上也经常见到。宝相花实际上是以退晕的方式对称分布形成的一种花纹。它来自哪里？一般来说，牡丹、莲花、菊花的纹样都可以用来制作宝相花，花与花叶、蓓蕾这些东西组合，形成了这种对称、放射分布的图案，雍容华贵。唐朝的文化是这样，长安城也是这样，特点就是雍容华贵，热闹非凡，而且艳而不俗。

月饼出现得非常晚，唐朝尚且没有，何论西周？我们知道，月饼主要拿小麦粉做皮。小麦是两河流域人工培育成功的，5 000年前传到了中国新疆通天洞遗址，人们在此考古发现了碳化的小麦粒；3 500 多年前传到了河西走廊。西周时内地有小麦，但有个重要的问题，就是面粉的出现比小麦晚得多。刚开始小麦并没能撼动粟、黍的主粮地位，可能与磨盘密切相关。新石器时代已经出现了可以加工谷物的石磨盘，比如河南新郑出土的裴李岗文化的磨盘（同时出土的还有与之配套的类似现在擀面杖的磨棒）。

但这种磨盘只能做到给小麦脱壳，要想粉化就比较困难了。而且小麦有个特点，就是其籽粒上包裹着一层种皮，如果不粉化，是非常粗糙难吃的。所以先秦人们吃小麦主要吃麦仁饭、麦仁粥，种类太单一，也没有发挥出小麦的特性来。战国末期出现了上下两扇的圆形磨盘，如临潼郑庄秦石料场石磨盘，上下两扇圆磨才能有效磨粉。小麦一旦粉化，人们就会发现打开了一个新世界，可以吃到更丰富的面食种类，包括各种饼。

关于西周有月饼的说法，文献毫无记载，从技术上来说也不可能。

“唐代月饼说”的理由之一是唐僖宗中秋节赐新科进士红绫饼，而红绫饼就是月饼。这里面有问题，我们来看一下原文是怎么说的。原文见于《洛中纪异》：“僖宗幸南内兴庆池，方食饼餤，时进士在曲江有闻喜宴，上命御府依人数各赐红绫饼餤，所司以金盒进，上命中官驰以赐。”唐僖宗在兴庆湖泛舟游玩，听说新科进士们正在曲江池举办闻喜宴，于是问了一下新科进士的人数，然后命令宦官给每个人赐了一块红绫饼。网上好多说法认为这就是中秋节月饼的起源，其实是对史料的误解。首先，这里只字未提中秋节，所谓“闻喜宴”就是曲江宴饮，在礼部放榜之后举行，而礼部放榜是春季，跟中秋节可以说毫无关系。其次，红绫饼等于月饼的说法毫无依据，红绫饼的具体形态我们并不清楚，说它就是月饼没有史料做支撑。

先秦时期就已经有赏月的风俗，到了汉武帝时期基本上已经蔚然成风。唐代当然也不例外，中秋节要赏月，可是没有吃月饼这一说。苏轼有一首诗叫《留别廉守》，其中一句是“小饼如嚼月，中有酥与饴”，这里的“小饼”已经具备月饼的雏形。“小饼”是圆的，像月亮一样，有油有糖，很接近月饼了。但是苏东坡称其为“嚼月”，其中“月”是形容其形状，没有说跟中秋节有什么关系。宋代《东京梦华录》记载了宋朝中秋节的一系列风俗，包括吃什么东西，列了一长串单子，里边没有月饼。宋末元初《武林旧事》里出现了“月饼”这个词，但也指的是那种饼的颜色和形状，如同一轮满月，没有说跟中秋节有什么关系。所以，“月饼”这个词在宋代极有可能已经出现，但与中秋节关联是宋朝以后的事，准确地说可能是明代。明代《西湖游览志余》提到了当时的民俗：“八月十五日谓之中秋，民间以月饼相遗，取团圆之意。”从作者的语气能发现，他是在给别人介绍风俗，八月十五日中秋节的时候，各家以月饼相送，取团圆之意。这种描述具有陌生感，很明显，这种风俗形成的时间不算久远，所以需要给别人介绍。因此，我们说中秋节吃月饼这个风俗是从明代开始有的。

还有一个盛行已久的说法。元朝末年，汉人苦于蒙古人的残酷统治，大家约定要起义，借着八月十五送月饼的机会，在月饼里面塞字条，字条上写着“八月十五杀鞑子”，约好八月十五这天举世反抗蒙古人的统治。这个说法非常盛行，但仍然是一种讹传，元朝的史料没有记载，连明朝也没有，要一直到晚清时期才逐渐出现这样的说法。这个问题建议大家参考陈学霖写的《刘伯温与“八月十五杀鞑子”故事考溯》。

唐朝的青楼文化与科举的士人风流

我去南京旅游时，曾去参观清代最大的科举考场——江南贡院。此处大多数建筑是现代补建的，但是依旧看得出当年的恢宏气势。不过还有一点引起了我的注意：贡院外就是秦淮河，风月旖旎之地。

明代的秦淮河与贡院毗邻应该说具有一定偶然性。明代《国初事迹》记载："太祖立富乐院于乾道桥，复移武定桥。后以各处将士妓饮生事，尽起妓女赴京入院。"秦淮旧院是明太祖朱元璋建立的官妓富乐院。贡院则是景泰年间建立的。明代《典故纪闻》记载："应天旧无试院，每开科，借京卫武学为之，学地狭，每将仪门墙垣拆毁，苫盖席舍，试毕复修。至景泰五年冬，始以应天府尹马谅言，以永乐间锦衣指挥纪纲没官房改造试院。"原来是一直没有合适的地盘，直到景泰五年才选择了官员纪纲被没收的宅邸建立了贡院。但有意思的是，明清贡院和秦淮河继承了唐代"考生加平康坊"的模式，似乎冥冥中天注定。

隋唐有了科举之后，考生就与风月场所密切相关了。尤其是唐代，新科进士们意气风发，大名可以一夜之间传遍长安，去平康坊等地风流成了他们的固定项目。“一日看尽长安花”中的“花”，颇有学者认为就是平康坊之“花”，而非一般的牡丹花之类。很多进士及第后，把去平康坊宴饮作为庆祝手段。晚唐孙棨《北里志》记载：“裴思谦状元及第后，作红笺名纸十数，诣平康里，因宿于里中。诘旦，赋诗曰：‘银釭斜背解鸣珰，小语低声贺玉郎。从此不知兰麝贵，夜来新惹桂枝香。’”以妓女的口吻一通自夸。裴思谦就是靠宦官仇士良的关系强取状元的那一位。这种无行文人，及第后逛青楼也是张扬无比，得意扬扬，唯恐女人们不知其大名。

残酷的“妓女”制度

古代青楼女子并没有所谓的“卖艺不卖身”，更不存在“伎≠妓”的现象。在中国历史上，只有到了清代以后才有了所谓“清倌人”，多多少少有了点卖艺不卖身的意味，除此之外的历史时间段，青楼女子就是以色和艺侍人，妓与伎相通。古人用字较为随意，通假字、异体字、俗体字很常见，“娼”与“倡”、“妓”与“伎”，从字面上说并无本质区别。《说文解字》曰：“倡，乐也。”唐李善注《文选》曰，“（倡）谓作妓者”，此处“倡”与“妓”等同。《康熙字典》曰：“娼，俗倡字。”唐房千里《杨娼传》云：“夫娼，以色事人者也，非其利则不合矣。”清代赵翼《题白香山集后诗》有“尚无官吏宿娼条”一句，指的是唐代没有禁止官员嫖妓的条例。也就是说，“倡”等同于“妓”，也等同于“娼”。

至于“妓”，本来是美女的意思。《说文解字》曰：“妓，妇人小物也。”《华严经音义》上引《埤苍》称：“妓，美女也。”《康熙字典》曰：“妓，女乐也。”明代《正字通》曰：“倡，倡优女乐，别作娼。”也就是说，“妓”等同于“女乐”，而“女乐”等同于“伎”，因此“妓”等同于“伎”。西安碑林博物馆藏有唐代《故妓人清河张氏墓志》，是唐代名相李德裕的侄子李从质纪念伴侣张氏所做，墓志中用“色艳体闲，代无罕比。温柔淑愿，雅静沉妍”来形容张氏，可见感情之深。但李从质用“妓”命名张氏，毫无讳言之意，表明张氏可能就是伎人，即歌舞演员，二十岁时跟随李从质。这样的女子本来可能隶属教坊，有人看中则转而为家妓，可见“妓”与“伎”无本质区别。要说有区别，大约就是以才艺为重还是以色相为重。

古代究竟有无卖艺不卖身的现象？

王书奴《中国娼妓史》是研究娼妓问题的奠基之作之一，该书把中国的娼妓史划分为五个阶段：殷商巫娼阶段，周秦汉的奴隶娼和官娼阶段，魏晋南北朝家妓与奴隶娼妓并行阶段，隋唐至明代官妓鼎盛时代，清代以来私营娼妓时代。其中，“殷商巫娼阶段”没有什么确切的证据，是王书奴根据苏美尔及巴比伦神庙女祭司同时担任“圣职妓女”推断出来的，但在我们的史籍中找不到这样的“职业”。

商业化妓女和红灯区的出现以唐代最为典型，王书奴将唐代妓女分为宫妓、官妓、家妓和营妓四种。高世瑜《唐代的官妓》将唐代妓女划分为宫妓、官妓、家妓，并且反对王书奴的划分，将营妓归为官妓。日本石田干之助《长安之春》（增订版）所收《长安的歌妓》将唐代妓女分为宫妓、官妓、家妓与民妓。她们名义上隶属教坊，但实际上与后世的妓女没有多大区别，要说区别可能就是才气更高一些，但皮肉生意还是有的。王书奴《中国娼妓史》认为，唐代妓女以言谈诙谐、善音律为主，“以色为副品”。《北里志》专门描述长安平康坊青楼逸事，堪称“红灯区指南”。从中可以看到，平康坊妓女名义上隶属“教坊”，当属于“卖艺不卖身的艺伎”，但实际与一般的妓女没有区别。宋德熹《唐代的妓女》认为：“像北里（平康坊）这种有组织之妓馆的形成，在娼妓史上便代表一个新里程碑，意味着近代式商业化妓女的开始。”廖美云《唐伎研究》观点类似：“总之，从《北里志》的内容看，书中娼妓均具商业性质，她们更接近于今天人们所理解的妓女，活跃于民间，服务于社会和私人，独立经营，自负盈亏。因此《北里志》中妓女的属性当为市井妓女。”

所谓“卖艺不卖身”，大约只有清代所谓“清倌人”才能在表面上做到。

所谓清倌人，本来是吴语区对妓女的称谓，后来意思有了微妙调整。岳国钧主编《元明清文学方言俗语辞典》如此定义：“清倌人，还未接过客的妓女。”这些女子出身寒微，很多幼年时就被卖到妓院，老鸨教其琴棋书画，可以和男客们打情骂俏，但在到年龄之前不会让其侍奉枕席。自古以来，中国男性对妓女的需求就分为精神和肉欲两个层面，清倌人的才艺自然能满足男性精神层面的需求，由于尚未接客，其“清白”又能克服部分男性 16 世纪以来由梅毒引发的对青楼女子的警觉和厌恶。

此阶段还出现了卖唱、陪客，但不卖身的歌女，大概此时开始有了对部分青楼女子“卖艺不卖身”的认知。另外，近代以来，中国颇有人以明治维新以来的日本为学习目标。日本“艺伎”文化可能也是促生国人有关本国“伎≠妓”观念的原因之一。日语称“艺伎”为“芸者”，汉语翻译为“艺伎”。艺伎出现于17世纪，最初由男性担任，后来逐步被女性代替。艺伎从小接受严格训练，琴棋书画皆精通，很像中国古籍中的青楼女子。“艺伎”卖艺不卖身，这种形象大约在近代被潜移默化地移植到中国人对国史的认知上来，配合以清倌人及歌女现象，形成了固有观念。例如，上海话就有清倌人和歌女“只卖口不卖身”之说。

与一般的妓女相比，清倌人和歌女当然要“清白”，但暗地里操皮肉生涯者也不罕见。《官场现形记》第十四回里有一段话，是个典型例证。“周老爷道：‘统领大人常常说凤珠还是个清的，照你的话，不是也有点靠不住吗？’龙珠道：‘我们吃了这碗饭，老实说，那有什么清的！我十五岁上跟着我娘到过上海一趟，人家都叫我清倌人。我肚里好笑。我想我们的清倌人也同你们老爷们一样。’周老爷听了诧异道：‘怎么说我们做官的同你们清倌人一样？你也太糟蹋我们做官的了！’龙珠道：‘周老爷不要动气，我的话还没有说完，你听我说。只因去年八月里，江山县钱大老爷在江头雇了我们的船，同了太太去上任。听说这钱大老爷在杭州等缺等了二十几年，穷得了不得，连什么都当了，好容易才熬到去上任。他一共一个太太，两个少爷，倒有九个小姐。大少爷已经三十多岁，还没有娶媳妇。从杭州动身的时候，一家门的行李不上五担，箱子都很轻的。到了今年八月里，预先写信叫我们的船上来接他回杭州。等到上船那一天，红皮衣箱一多就多了五十几只，别的还不算。上任的时候，太太戴的是镀金簪子；等到走，连奶小少爷的奶妈，一个个都是金耳坠子了。钱大老爷走的那一天，还有人送了他好几把万民伞，大家一齐说老爷是清官，不要钱，所以人家才肯送他这些东西。我肚皮里好笑。老爷不要钱，这些箱子是那里来的呢？来是什么样子，走是什么样子，能够瞒得过我吗？做官的人得了钱，自己还要说是清官，同我们吃了这碗饭，一定要说清倌人，岂不是一样的吗？'"

文学作品虽是虚构，但写作者的心态值得玩味，尤其以讽刺现实为目的的《官场现形记》不会向壁虚构。这是某种社会认知的反映，即清倌人也不见得都"清"。

科举考试与青楼文化

把青楼与妓院正式联系起来的是风流才子杜牧。他本身就是妓院恩客，常年流连于青楼，而且在那个年代，携妓春游本就是雅事，所以也没有什么忌讳。目前留下的杜牧诗作中，与妓女和私妓有关的就有《赠沈学士张歌人》《赠别二首》《张好好诗》《兵部尚书席上作》《金谷园》《题桃花夫人庙》《见刘秀才与池州妓别》《见吴秀才与池妓别因成绝句》《代吴兴妓春初寄薛军事》《遣怀》《池州李使君没后十一日处州新命始到后见归妓感而成诗》《泊秦淮》《不饮赠官妓》《倡楼戏赠》《悲吴王城》《伤友人悼吹箫妓》等。《赠别二首》中的"春风十里扬州路，卷上珠帘总不如"两句，就是现在网上常见的"春风十里不如你"的出处。这首诗是杜牧临行写给妓女的。

杜牧在《遣怀》中写道："落拓江湖载酒行，楚腰纤细掌中情。十年一觉扬州梦，赢得青楼薄幸名。"随着这首诗流传开来，"青楼"正式成为烟花柳巷的代名词。

杜牧本人的经历也完全展示了科举考生与青楼的关系。大和二年（828），26 岁的杜牧进士及第。同年又参加制科考试，考中贤良方正直言极谏科，被授弘文馆校书郎、试左武卫兵曹参军。"校书郎"一职历来被视为年轻进士们的最佳起点之一。果然，大和七年，杜牧被淮南节度使牛僧孺召入幕府，担任掌书记，京衔是监察御史里行。淮南节度使治所在扬州。唐代的扬州是数一数二的繁华城市，号称"扬一益二"，也就是说，论商业之繁华，扬州天下第一，益州（成都）第二。自古以来，商业繁荣之地都是青楼鼎盛之地，扬州自然不例外。

《唐阙史》记载，当时的扬州娼妓业兴盛，据说九里三十步长街，无数绛纱灯映红了整个天空。杜牧在其中流连忘返，"十年一觉扬州梦，赢得青楼薄幸名"。杜牧每晚悄悄溜出去嫖娼，"无虚夕"。牛僧儒看重他的才华，经常派负责治安的街卒穿便装暗自跟踪保护。后来，杜牧被征召为侍御史，临行前向牛僧儒告别。牛告诫曰："然常虑风情不节，或至尊体乖和。"也就是劝他别夜夜风流，要注意身体，杜牧还掩饰，称自己"常自检守"，牛僧孺笑而不答，拿出了整整一箱文件，全是每晚街卒的报告，内容均是"某夕，杜书记过某家，无恙"，"某夕，宴某家"。杜牧尴尬至极。此事又见唐代丁用晦《芝田录》，但文字较为简略。

杜牧传世书法作品《张好好诗》也和青楼密切相关。张好好是名属官方乐籍的歌伎，十三岁时与杜牧相识，美丽容颜给杜牧留下了深刻印象。后来，张好好被沈子明纳为妾（或者外室）。沈子明是杜牧和李贺的好友，就是他在李贺临终前受嘱托继承了李贺文集，后来又央求杜牧写了《李长吉歌诗叙》。

数年后，再见张好好是在洛阳。此时的张好好，应该是已经被沈子明抛弃，在洛阳市场上当垆卖酒（也不排除是用卓文君和司马相如的典故）。历经沧桑的两人相见，张好好关心的是杜牧怎么一副早衰的样子，“怪我苦何事，少年垂白须”（《张好好诗》）。杜牧之早衰，在《上宰相求湖州刺史第二启》中的确提到过。历经沧桑的张好好的一句关怀，折射出这个女子的善良。令人唏嘘。

张好好的经历是唐代很多青楼女子的人生下半场。她们上半场在风月场所卖笑，下半场指望能够遇到如意郎君。当然，正式嫁为人妻的可能性微乎其微，一般是做妾，但妾的法律地位、家庭地位历来容易动摇。唐朝中上层社会蓄妾现象十分普遍，妾根据地位不同被称为妇、姬、外宅、侧室等。贵族官僚中蓄养姬妾多者甚至有至数百人。妾的来源多样化，有购买得来，有收纳客女而来，有强权夺占而来。妾的人身权利没有保障，可以随意送人或者买卖。所以很多青楼女子的后半生是很不幸的。张好好就是一个例子。

这不禁让人想到白居易笔下的琵琶女：“自言本是京城女，家在虾蟆陵下住。十三学得琵琶成，名属教坊第一部。曲罢曾教善才伏，妆成每被秋娘妒。五陵年少争缠头，一曲红绡不知数。钿头云篦击节碎，血色罗裙翻酒污。今年欢笑复明年，秋月春风等闲度。弟走从军阿姨死，暮去朝来颜色故。门前冷落鞍马稀，老大嫁作商人妇。商人重利轻别离，前月浮梁买茶去。去来江口守空船，绕船月明江水寒。夜深忽梦少年事，梦啼妆泪红阑干。”琵琶女身属教坊，自然就是妓女，当年的她曾经无限风光，但是“暮去朝来颜色故”之后，门庭冷落，就只能“老大嫁作商人妇”，而这个“商人妇”，极可能是妾而不是妻，所以备受冷落，无奈只能“梦啼妆泪红阑干”。

但是能脱离乐籍嫁人，已经算是好的归处。晚唐一位著名诗人罗隐，才华横溢，却是个科场失意者，平日语多讥讽。《唐才子传》卷九记载：“隐初贫，来赴举，过钟陵，见营妓云英有才思。后一纪，下第过之。英曰：‘罗秀才尚未脱白。’隐赠诗云：‘钟陵醉别十余春，重见云英掌上身。我未成名英未嫁，可能俱是不如人。’”所谓营妓，就是地方官妓的别称。罗隐与营妓云英有过一面之缘。多年后再见时，云英讥讽罗隐尚是白衣，未能高中。而罗隐则回以反嘲加自嘲的诗句，所谓“重见云英掌上身”，借用的是汉代赵飞燕“掌上舞”的典故，形容云英身姿曼妙。“我未成名英未嫁，可能俱是不如人”，在罗隐看来，身为读书人，未能考中进士，此为憾事，云英身为官妓，未能脱离乐籍嫁人，也是同样的憾事，谁也别笑谁了吧！

才女鱼玄机的悲剧

女性也有从妾沦落为青楼女子的，著名才女鱼玄机就是典型。鱼玄机，长安人。据说有倾国之色。平民出身，早年间曾嫁给一个叫李亿的官员为妾。鱼玄机一个聪明绝顶且漂亮的女孩子，当了妾，原本就够憋屈了，没想到李亿的正妻嫉妒心太强，根本就不接纳她，甚至不让她进门。无可奈何，李亿把鱼玄机送入道观。

鱼玄机写下《寄李亿员外》以抒发自己心中的怨愤：“羞日遮罗袖，愁春懒起妆。易求无价宝，难得有心郎。”但又有什么办法呢？她这样出身卑微的人就是这样的命运。

在道观里，鱼玄机倒是很快适应了，而且逐渐如鱼得水。道观往往也是社交场合，唐代出家的女道士们相比一般妇女有更多的社交活动，她们经常去达官贵人家设醮做法事。久而久之，部分女道士开始兼有“半娼”色彩。唐裴庭裕所撰《东观奏记》记载：“上微行至德观，女道士有盛服浓妆者，赫怒，亟归宫。立宣左街功德使宋叔康，令尽逐去，别选男道士二十人住持，以清其观。”唐宣宗微服私访至德观，却发现这里的女道士们浓妆艳抹，行为不检点，于是勃然大怒，将女道士驱逐出去，换上了男道士二十人。鱼玄机那时基本也是如此。其实类似至德观这样的事情很多。大和三年（829），李商隐在令狐楚幕中有《天平公座中呈令狐令公》一诗：“罢执霓旌上醮坛，慢妆娇树水晶盘。更深欲诉蛾眉敛，衣薄临醒玉艳寒。白足禅僧思败道，青袍御史拟休官。虽然同是将军客，不敢公然子细看。”这首诗是为令狐楚府上设醮女冠而作。言语戏谑轻佻，还有“衣薄临醒玉艳寒”“白足禅僧思败道”等艳情语句，戏称自己和女冠同为座上宾，却不敢看一看性感的对方。白居易也写过类似的，例如《赠韦炼师》：“浔阳迁客为居士，身似浮云心似灰。上界女仙无嗜欲，何因相顾两裴回。共疑过去人间世，曾作谁家夫妇来？”后四句着实轻佻，似乎也是在暗示某些女道士的另类性质。

鱼玄机在道观也是如此，但她颜值高，才华也十分出色，和很多名人雅士有往来，而且很快就获得了大家的赞赏。鱼玄机性格豪爽，而且颇有雄心壮志，时时感到受累于自己的女身。有一天，她到崇真观登楼游玩，发现上面有新科进士们的题名。从来没有女人参加科举。鱼玄机空有一身才学，也是毫无用武之地，只能在往来唱和时显露一下，尤其想到自己受制于人，命运被别人辖制，无比惆怅，于是大笔一挥，也在上面赋诗一首："云峰满目放春情，历历银钩指下生。自恨罗衣掩诗句，举头空羡榜中名。"（《唐才子传》）我所恨就是身为女性，掩盖了我的诗名，让我只能对着进士榜艳羡而已。《唐才子传》评价说："观其志意激切，使为一男子，必有用之才。"

当时鱼玄机的住所俨然成了长安城才子们的诗歌沙龙，迎来送往，诗歌唱和。比如，青楼常客温庭筠就与她有诗歌唱和。鱼玄机《冬夜寄温飞卿》云："疏散未闲终遂愿，盛衰空见本来心。"《寄飞卿》云："珍簟凉风著，瑶琴寄恨生。嵇君懒书札，底物慰秋情？"鱼玄机善于品评诗歌，这些男才子谁也不敢小瞧她，都以自己的作品被她肯定为荣。所以鱼玄机成了当时文坛一景。当时，很多人来的时候带着自己的诗，还要带上酒，可见鱼玄机雅好此二物。

但鱼玄机的心理也在发生变化。早年间的委屈使她看破红尘，与诗人们的往来又给她招来不少非议，这些让她变得十分敏感。再加上那种豪放的性格使得她常有冒失之举，所以不久她就给自己招来了大麻烦。

鱼玄机有一个年轻侍女，名绿翘。鱼玄机有一次出门，担心有人来找自己，于是吩咐绿翘说：你好好看门，别出门，有客人来，告诉他我在哪里即可。实际上，这一晚她是估计有一个和她关系很密切的男性客人要来。

半夜她回到家，问绿翘有没有人来。绿翘说有，但她说炼师不在，那人就连马都没下就走了。炼师是唐代对男女道士的尊称。绿翘所说的这位客人正是和鱼玄机关系密切的那一位。鱼玄机一听就起了疑心：我让你告诉他我在哪里，你为何不说？你是不是和他有什么不正当关系，要不怎么会不让他去找我？他为何招呼都不打就走了？

于是她开始逼问绿翘。绿翘坚持说：我刚才说的是实情，您不该怀疑我。两个人口角越来越厉害，就在此时，绿翘一句话彻底惹恼了鱼玄机。她说："若云情爱，不蓄于胸襟有年矣，幸炼师无疑。"（《三水小牍》）意思是，我跟随在您身边，也信奉道教，男女感情的事情早都抛在脑后，希望您不要怀疑我。鱼玄机一听火冒三丈，拿出棍子就开始打绿翘。

这句话怎么惹恼了鱼玄机呢？鱼玄机平时看起来自信满满，很豪爽，其实她内心有很大一块软肋——自己被迫进入道门，身份十分敏感。她虽然装得不在乎，但众口铄金，唾沫星子淹死人。唐代妇女地位再高，也是相比其他朝代而言，无论如何还是封建时代，不可能给予妇女全部的自由。男诗人四处交往被称赞为豪爽，而女诗人，尤其带有半娼色彩的女道士，难免遭诟病和歧视。绿翘这句话，在鱼玄机听来等于是说：你身为女道士，却毫无禁忌地与男人交往；我也修道，而我从不把男女之爱放在心里。绿翘是不是这个意思，见仁见智，但是鱼玄机内心很敏感，所以勃然大怒，拿起小棍子就打，劈头盖脸，竟然把绿翘打死了。这下子闯了大祸。唐代法律虽将奴婢列为贱口，但主人也没有杀害奴婢的自由，一旦将人打死也得法办。

鱼玄机一看绿翘死了，慌了神，不知道怎么办好。冷静了一下，她跑到后院挖了一个坑，把绿翘埋了起来。

后来有人问起绿翘，她说逃跑了。那阵子奴婢潜逃的事情时有发生，所以大家也没怀疑什么。但有一天，终于东窗事发。

有一个客人来到鱼玄机家里喝酒，到后院去上厕所，发现有一处地面上有苍蝇密密麻麻爬了一大片，再一闻，似乎有血腥味。鱼玄机体弱，坑挖得不太深，因此露了馅。

客人回家后，就把自己的怀疑和仆人说了。仆人又把这件事告诉了自己的哥哥。他哥哥是个街卒，相当于巡警。此人偏巧和鱼玄机有过节，其实也不是多大的事，就是他曾经向鱼玄机借钱，鱼玄机没给他。他估计就是看鱼玄机有钱，想赖点钱，鱼玄机不吃这一套，所以他一直怀恨在心。听说此事之后，就秘密来到鱼玄机家门外窥视，落实绿翘的确失踪，然后叫上人，携带着工具突然冲入鱼玄机家中，挖开后院地面，果然发现了绿翘的尸体。于是逮捕了鱼玄机，送给京兆尹审理。

当时，很多朝臣认识鱼玄机，因此帮她说话的人不少，但京兆尹还是将此案上报给了皇帝。这下子，鱼玄机大限已到，当年秋季被处以死刑。一代才女之死，令人扼腕叹息。而她的行为，也的确不能为法律所容忍。

怎么评价这个人呢？她满腹才华，心比天高，却命比纸薄，在那个讲出身、门第的时代，她从一开始就是人生输家，只能给别人做妾。要是她没有抱负，没有才华，也许会苟且一生，但偏巧她有，于是有了心理上的巨大落差。假如她身为男性，也许会是科举场上的弄潮儿，但这个“假如”不可能实现。绿翘是无辜的。鱼玄机呢？她也是个悲剧。

风流之地平康坊

官员们甚至可以交换官妓，白居易和好友元稹就这么做过。《唐语林》卷二记载：“白居易，长庆二年以中书舍人为杭州刺史……官妓高（当作‘商’）玲珑、谢好好巧于应对，善歌舞。后元稹镇会稽，参其酬唱，每以筒竹盛诗来往。”长庆二年，白居易以中书舍人出任杭州刺史。杭州有官妓商玲珑、谢好好，巧与应对，善歌舞。白居易日以诗酒与之寄兴。

他的好友元稹时任越州刺史。众所周知，这位《西厢记》男主角张生的原型人物也是个风流之人，他动了索要商玲珑的念头。《诗话总龟前集》卷四十二记载：“商玲珑，余杭之歌者。……元微之在越州闻之，厚币来邀，乐天即时遣去，到越州，住月余，使尽歌所唱之曲，即赏之。后遣之归，作诗送行，兼寄乐天曰：‘休遣玲珑唱我词，我词都是寄君诗。却向江边整回棹，月落潮平是去时。’”他占有商玲珑一个多月，然后将其遣返。官妓如同物品，可怜可叹。而唐代官员好狎妓这种风气，是从科举尚未登第时就已经开始“培养”。虽然禁止高级官员入平康坊等风月场所，但并未禁止低级官吏和“准官员”（科举考生）——他们成了风月场所常客。考生们一般离家甚远，一走就是数月半年，生理上有需求，纪律上无人管束，自然就有了很多风流韵事。

不可否认，青楼是唐代科举文化的重要组成部分。很多文人与青楼密切相关，携妓春游在唐代被视为雅事。这些文人通过自己掌握的话语权，使青楼成了唐代科举文化不能忽略的内容。唐代妓女遍布全国，但以长安平康坊最为有名，《北里志》说“诸妓皆居平康里”。平康坊位于长安城北部偏东的中心地区。

这个位置非常微妙。第一，它距离长安两大市场之一的东市很近，可称繁华市井，能保证人流量；第二，它距离政府机构集中的皇城很近，而官员历来是恩客；第三，它所在的位置是整个长安城人口最密集的地域，而且有很多达官贵人住在这里。余思彦《唐长安城高官住宅分布变迁之初步研究》统计唐长安城高官住所，认为高官集中的两个坊是平康坊和宣阳坊。而宣阳坊紧靠平康坊南侧。识者或问：住在“红灯区”，这些达官贵人没有忌讳吗？其实，平康坊不是整个都是红灯区，青楼主要集中在该坊东半部。据《北里志》记载，“平康里，入北门东回三曲，即诸妓所居之聚也”。另外，妓院在那时是风流渊薮，并不被视为猥琐之地，达官贵人往往就是青楼恩客。《北里志》记载：“举子，新及第进士，三司幕府但未通朝籍、未直馆殿者，咸可就诣。如不吝所费，则下车水陆备矣。其中诸妓多能谈吐，颇有知书言话者。”那时，官员（尤其是中低级官员）没有嫖妓禁令，所以毫无顾忌。

《北里志》这段话还提到了赶考的书生们，平康坊的位置和他们有着莫大关系。自古以来，青楼和赶考书生就密不可分。历朝历代，有钱又远离家眷的赶考书生是青楼常客，放榜后更是毫无顾忌。孟郊《登科后》：“昔日龌龊不足夸，今朝放荡思无涯。春风得意马蹄疾，一日看尽长安花。”此诗写于孟郊科举高中之后。有些学者认为这里的“花”乃平康坊之“花”。唐人笔记小说中有大量桥段是关于士子与青楼女子感情瓜葛的，并非偶然。

青楼集中在平康坊，当然与此有关。平康坊以北的崇仁坊北街当皇城之景风门，临近尚书省选院（尚书省选院即礼部南院，礼部南院和吏部选院在今天西安钟楼西南），进京赶考的书生在京城无宅第者多在此租房居住。这里去平康坊十分方便。平康坊南侧的宣阳、亲仁两坊也是书生们集中住宿之地。

崇仁坊和平康坊内还有大量进奏院（原名留后院）。这是安史之乱后各个藩镇设置在长安的“驻京办事处”，负责沟通地方与中央的关系，传达信息，部分与中央离心离德的藩镇其进奏院同时兼有情报站的作用。据《唐两京城坊考》统计，晚唐崇仁坊有进奏院二十三个，平康坊有十二个，而当时全长安有进奏院五十三个，两坊相加占据总数一半以上。这些进奏院平时招待本镇来京官员，在京官中打点关系，平康坊自然是首选之地。

平康坊的青楼什么样子呢?《北里志》记载：“妓中有铮铮者，多在南曲、中曲。其循墙一曲，卑屑妓所居，颇为二曲轻斥之。其南曲、中曲门前通十字街，初登馆阁者，多于此窃游焉。二曲中居者，皆堂宇宽静，各有三数厅事，前后植花卉，或有怪石盆池，左右对设，小堂垂帘，茵榻帷幌之类称是。”

平康坊青楼分为北曲、中曲、南曲三部分，坊内有东西向街道和南北向街道各一条，形成十字交叉，名妓集中居住在地理位置优越、靠近十字街口的南曲或中曲，方便客人往来。这些名妓的居所屋宇高大华丽，装修精美，家具考究，属于上等青楼。北曲自然就是下等青楼。《北里志》写作年代，有名的妓女有天水仙哥、杨莱儿、楚儿、颜令宾、王苏苏、王福娘等人。

妓女们可能有单独的住所，但管理权归老鸨。老鸨与妓女们往往以母女相称，因此又被叫作“假母”。《北里志》记载：“妓之母，多假母也，亦妓之衰退者为之。”这些老鸨中相当一部分以前也是名妓，年老色衰之后转为老鸨。这不是唐代独有的，历代妓院都有类似现象。平康坊有名的老鸨杨妙儿等人年轻时都是名妓。

老鸨们历经沧桑，看尽人间虚伪，唯以钱财为目的，往往显得冷漠无情。据《北里志》记载，唐长安平康坊名妓颜令宾颇有才华，喜诗歌。“有词句，见举人，尽礼祗奉，多乞歌诗，以为留赠，五彩笺常满箱箧。”病重之后由侍女服侍，看到落花而流泪，写诗曰：“气余三五喘，花剩两三枝。话别一樽酒，相邀无后期。”令侍女拿着诗到宣阳、亲仁等坊，看到新科进士及考生就对对方说：“曲中颜家娘子将来，扶病奉候郎君。”然后在家中宴请这些文人，欢乐之余，忽然长叹说：“我不久矣，幸各制哀挽以送我。”老鸨认为，这是向宾客们索取赙赠（白包），想着能在颜令宾身上最后赚一笔，甚喜。等到颜令宾去世，宾客们送来的是一首首挽诗，老鸨大怒，命人全部扔到街上。

老鸨之下，还有“都知”负责管理妓女。“都知”本是官名，平康坊妓女名义上隶属教坊，而教坊中有乐官名为“都知”。《南部新书》记载：“咸通中，俳优恃恩，咸为都知。一日乐喧哗，上召都知止之，三十人并进。上曰：‘止召都知，何为毕至？’梨园使奏曰：‘三十人皆都知。’乃命李可及为都都知。后王铎为都都统，袭此也。”可见，在教坊内，都知作为官名已经泛滥，青楼的都知只是借用了这个名号，并非真正的官员。这些都知由妓女中地位较高者担任，协助老鸨管理。《北里志》记载：“曲内妓之头角者为都知，分管诸妓，俾追召匀齐。”《唐语林》卷七记载过一个有趣的故事：“同年宴，举举有疾，不来，令同年李深之为酒纠。状元吟曰：‘南行忽见李深之，手舞如风令不疑，任你风流称酝藉，天生不似郑都知。’”进士们举行同年宴，照例应该由平康坊名妓担任酒纠，即酒席上负责监行酒令之人。当时有一个叫郑举举的名妓，是有名的酒纠，可惜这一次因病无法前来，于是这些人就让进士李深之客串酒纠。李深之卖力表现，但状元依旧吟诗开涮说，你再有气质，再卖力表现，也不如郑都知。郑都知当然就是郑举举，那时的都知已经成了妓女的代名词。

唐代青楼女子以才华著称者众多，不仅有薛涛，还有李季兰、鱼玄机、刘采春等一大批人。《太平广记》引《中兴间气集》记载的一个故事能展现李季兰的才思敏捷。李季兰善诗词，著有文集，也善讽刺，一次聚会时讽刺名士刘长卿有疝气病，念诗曰：“山气日夕佳。”刘长卿思维敏捷，立即回答：“众鸟欣有托。”这一对男女对诗儿童不宜，但颇有点信息量。李、刘二人所说皆为陶渊明诗句，前者见《饮酒》第五首：

结庐在人境，而无车马喧。
问君何能尔？心远地自偏。
采菊东篱下，悠然见南山。
山气日夕佳，飞鸟相与还。
此中有真意，欲辨已忘言。

后者见陶渊明《读山海经》：

孟夏草木长，绕屋树扶疏。
众鸟欣有托，吾亦爱吾庐。
既耕亦已种，时还读我书。
穷巷隔深辙，颇回故人车。
欢然酌春酒，摘我园中蔬。
微雨从东来，好风与之俱。
泛览周王传，流观山海图。
俯仰终宇宙，不乐复何如！

李在此以“山气”谐音暗指“疝气”，即讽刺长卿之“阴疾”；以“佳”谐音指“加”，谓刘“疝气”日益“加”重。而刘亦用陶渊明的诗加以回答，以自黑手段化解尴尬，他以“众”谐音指“重”，以飞鸟的“鸟”借指男阴。

古代疝气治疗技术中有托举法。长沙马王堆出土西汉《五十二病方》内有瓠壶法，所谓“瓠壶”指的应该是一种疝罩。明代《普济方》卷二百四十七记载：“炒盐半斤令热，以故帛包熨痛处。”由此可见，类似今天疝气带的医疗用具古代应该是存在的。疝疾患者均阴囊肿大，为行动方便，患者多以夹带之类托系股根，“重鸟”“有托”，意思就是肿大的阴囊还是有东西托举的。

一般的妓女平时也有严格的训练，老鸨们在选拔时就注意选择那些有文化的女子，进入青楼后又着重培养她们琴棋书画。

才女薛涛与“校书郎”

薛涛是唐代中期著名才女，长安人，出身官宦之家，从小饱读诗书。

据说薛父在世时，有一次指着院中梧桐作诗说：“庭除一古桐，耸干入云中。”当时只有八九岁的薛涛张口回答说：“枝迎南北鸟，叶送往来风。”（《全唐诗》）诗文对得很漂亮，但薛父认为这是不祥之兆，因为这两句似乎预示着这个女孩要抛头露面。后来薛父去世，薛家家道中落，薛涛不得已在十六岁左右在成都成为乐户，乐户是贱口，主要从事吹弹歌唱等，兼有官妓色彩。

乐户平时接触的达官贵人很多，其中不乏大才子。在与他们接触的过程中，薛涛一点也不落下风，而且擅长书法，很快她的大名就传播开来。

薛涛口齿伶俐，不畏权宦。有一次参加黎州刺史举办的宴会，宴会上行酒令，刺史建议每人取《千字文》中的一句，必须带有禽鱼鸟兽之名。他第一个说，“有虞陶唐”。“有虞”是舜帝，“陶唐”是尧帝。这一句就暴露了他的不学无术——把“虞”当成“鱼”了。满座憋笑。唯有薛涛一下子站起来，对曰，“佐时阿衡”。“阿衡”指的是商代的伊尹。刺史说，你这四个字里可没有鱼，你输了！薛涛回答说，再怎么说，我这“衡”字中间还有条小鱼，您那“有虞陶唐”可是什么都没有。举座大笑，刺史十分尴尬。

当时来过蜀地的文人墨客，无不以见薛涛一面为幸事。和她交往的人中有白居易、张籍、王建、刘禹锡、杜牧等名人。还有政坛重磅级人物，比如韦皋和宰相武元衡。其中韦皋是当地最高行政长官，此人很有韬略，镇守蜀地多年，十分有威望，乐山大佛就是在他手里完工的。

关于他们还有个有趣的传说。他们当中有一位曾推荐薛涛为校书郎，《鉴诫录》等记载是韦皋推荐，《唐才子传》记载是武元衡。校书郎负责朝廷图书事务，看起来不起眼，实际非常重要，唐代很多进士出道时担任过这个职务，很多名人是从这个职务上发迹的。

我认为，推荐薛涛为校书郎一事纯属讹传，韦皋、武元衡乃政坛重臣，怎么可能推荐女人——而且是个乐户——当校书郎？这于制度而言是完全不可能的。《全唐诗》作者小传里说，韦皋将薛涛“称为女校书”，这个说法可能更合理。韦皋是以“校书郎”形容其学识高，仅此而已。

薛涛还能写一手好字。宋代《宣和书谱》评她的字，说“无女子气”，而且颇得王羲之之法。所谓“无女子气”，大概是指其字有力，有风骨。据《悦生堂所藏书画别录》记载，宋代大臣贾似道还曾收藏她的《萱草》诗真迹。贾似道虽名声不佳，但雅好古玩字画，很有造诣，能入他法眼的绝对不是庸俗之辈，可见薛涛的字的确很有一套。

还有个发明和薛涛有关。元和初年，薛涛发明了一种信笺，非常有特色。她嫌街市上卖的信笺太粗笨，所以自己设计了一种专门用来写诗的信笺，比一般的纸张窄，据说是用“浣花溪的水、木芙蓉的皮、芙蓉花的汁”制作而成，颜色发红。这种信笺很适合写诗，很美丽，还有淡淡的香味，所以风靡蜀地，号称

“薛涛笺”。现在市面上还有薛涛笺，当然花纹、颜色应该都比唐代的更丰富。

薛涛笺究竟何样，已不可详知。但成都有一处遗址，与薛涛笺有关，即“薛涛井”。

薛涛井，原名玉女津，建于明代。据明代何宇度《益部谈资》及曹学佺《四川名胜志》记载，薛涛井是明代蜀王府仿薛涛法制笺处。曹学佺《蜀中广记》记载：“予庚戌秋过此，询诸纸房吏云：‘每岁三月三日汲此井水，造笺二十四幅，入贡十六幅，余者留存。’”薛涛造纸实际是在浣花溪，至明代因百花潭淤积，水质变差，不堪使用，故另择玉女津一带造纸笺，就是今薛涛井所在。

靠着薛涛笺，薛涛永远和诗歌联系在了一起。

薛涛在社交场上可谓呼风唤雨，阅人无数。她也曾有过一段刻骨铭心的爱情。

元和四年，薛涛遇到了一位青年才俊——元稹。他有两句诗，“曾经沧海难为水，除却巫山不是云”，可谓千古名句，但实际上元稹较为花心。元稹此前有过一段轰轰烈烈的恋情，他的恋爱对象是崔莺莺。后来，元稹专门为此写了一篇《莺莺传》（后来《西厢记》的原型），元稹就是那位张生。元稹在和崔莺莺的这场恋情里是始乱终弃。

元稹来到成都之后，大概是慕薛涛之名前来拜访，而薛涛迅速被这个青年吸引。元稹长得相貌堂堂，而且诗文名满天下，此时他因为得罪权贵被贬到蜀地当官，由此与薛涛相识。两人很快坠入爱河。此时薛涛已经人近中年，大元稹十岁左右，换句话说是姐弟恋。此时的薛涛觉得自己找到了真爱，所以全身心投入。她写给元稹的诗跟她以往那种豪爽风格的迥然不同，完全像一个热恋中的小女孩。

但是好景不长，只过了三个多月，元稹就被调回京城，薛涛不得不与情郎分别。两人鸿雁传书，不断有诗歌往来。这一别竟然是十余年。薛涛一直持守着对他的想念，矢志不渝。但是现实很残酷，元稹在这个阶段经历丧妻，还纳过妾。一直到长庆三年，他担任浙东节度使时，才重新想起薛涛，想把薛涛接来重续旧情。但也就是在这个时候，他认识了浙东名妓刘采春，竟然见异思迁。他自己说，刘采春文采比薛涛差远了，但容貌可比薛涛强。薛涛此时都是五十岁左右的人了，而刘采春只有二十多岁，二人自然无法相比。由此可见，薛涛对元稹是真爱，元稹对薛涛只是欣赏，即使说有爱，也是一年生草本植物，花开花落就完事了。

极度失望的薛涛写下了名诗《春望词》："花开不同赏，花落不同悲。欲问相思处，花开花落时。"当年元稹要来接她的许诺，从此雨打风吹去，却让她为此坚守，终身未嫁。元稹的薄情让她心灰意冷。此后，她脱下红装，换上道袍，与世无争，超然物外。大和五年（831），元稹卒。次年夏，薛涛亦卒，享年63岁。薛涛是无奈的，但也正是这种有缺憾的人生使得她的形象更为丰满立体，毕竟一个一生顺风顺水的人是很难写出杰出诗歌的。少年的不幸，感情的挫折，造就了一个有血有肉的薛涛。

唐代诗词与青楼文化

平康坊经常高朋满座，乐声飞扬，觥筹交错。《唐语林》卷七记载：“曲中一席四镮，见烛即倍，新郎更倍，故曰‘复分钱’。”每顿酒席官价是四镮，即四贯钱。假如延长到夜间就要加倍，估计是因为长安夜间有宵禁，客人假如上灯烛时还没有离开，就意味着要在此过夜。新客人要再加一倍，称为“复分钱”。客人假如有中意的妓女，还可以“买断”。《北里志·王团儿》记载：“曲中诸子多为富豪辈，日输一缗于母，谓之‘买断’。但未免官使，不复祗接于客。”京中的富豪们每天给老鸨一缗钱，老鸨就可以保证妓女除了官使外，不再接待其他客人。

所谓官使，指的是出席官方宴会。唐朝京官中级别较高的不得入平康坊娱乐，有宴会时又需要官妓作陪。平康坊诸妓隶属教坊，所以要时不时出官差。《北里志·序》记载：“京中饮妓籍属教坊，凡朝士宴聚，须假诸曹署行牒，然后能致于他处。”有官方所下文牒，诸妓就必须赴会。这是老鸨们也无法拒绝的。

为什么唐代文人总少不了妓女题材的诗作？除了他们生性风流，视之为雅事之外，还有个重要原因，就是著名文人对妓女的褒贬直接左右她们的职业生涯，因此妓女们争相巴结这些文人，希冀并怂恿他们写诗。例如《唐才子传》记载了崔涯的故事：“每题诗倡肆，誉之则声价顿增，毁之则车马扫迹。”晚唐《云溪友议》卷中的“辞雍氏”则曰：“每题一诗于倡肆，无不诵之于衢路，誉之则车马继来，毁之则杯盘失错。”妓女们靠大诗人的诗作扬名，所以不断怂恿他们写诗，酒精刺激下的大诗人们自然不会让美女失望。

当然，也有文人反其道而行之，以歌伎们的喜好作为对自己作品的评断标准。唐代《集异记》记载：“开元中，诗人王昌龄、高适、王之涣齐名。时风尘未偶，而游处略同。一日天寒微雪，三诗人共诣旗亭，贳酒小饮。忽有梨园伶官十数人，登楼会宴。三诗人因避席隈映，拥炉火以观焉。俄有妙妓四辈，寻续而至，奢华艳曳，都冶颇极。旋则奏乐，皆当时之名部也。昌龄等私相约曰：‘我辈各擅诗名，每不自定其甲乙，今者可以密观诸伶所讴，若诗入歌词之多者，则为优矣。’俄而一伶拊节而唱，乃曰：‘寒雨连江夜入吴，平明送客楚山孤。洛阳亲友如相问，一片冰心在玉壶。’昌龄则引手画壁曰：‘一绝句。’寻又一伶讴之曰：‘开箧泪沾臆，见君前日书。夜台何寂寞，犹是子云居。’适则引手画壁曰：‘一绝句。’寻又一伶讴之曰：‘奉帚平明金殿开，强将团扇共徘徊。玉颜不及寒鸦色，犹带昭阳日影来。’昌龄则又引手画壁曰：‘二绝句。’之涣自以得名已久，因谓诸人曰：‘此辈皆潦倒乐官，所唱皆巴人下里之词耳，岂阳春白雪之曲，俗物敢近哉！’因指诸妓之中最佳者曰：‘待此子所唱，如非我诗，吾即终身不敢与子争衡矣。脱是吾诗，子等当须列拜床下，奉吾为师。’因欢笑而俟之。须臾，次至双鬟发声，则曰：‘黄河远上白云间，一片孤城万仞山。羌笛何须怨杨柳，春风不度玉门关。’之涣即揶揄二子曰：‘田舍奴，我岂妄哉！’因大谐笑。诸伶不喻其故，皆起诣曰：‘不知诸郎君何此欢噱？’昌龄等因话其事。诸伶竞拜曰：‘俗眼不识神仙，乞降清重，俯就筵席。’三子从之，饮醉竟日。”

这就是“旗亭画壁”的故事。王昌龄、高适、王之涣三人在旗亭喝酒。所谓“旗亭”，就是市场，因为汉代市场管理部门在市场上设有高亭，插有旗帜，故得此雅称。三人碰到唐玄宗驾前梨园伶官十多人来喝酒，又有一些妙龄妓女前来助兴。这些衣着华丽的女子弹奏的都是当时诗人的诗作，三人约定打赌，看谁的诗作最多被这些歌伎演唱，谁就为优胜。刚开始歌伎们演唱了王昌龄和高适的诗作，两人在墙壁上划下计数笔画，得意扬扬。王之涣说，这些俗人演唱的自然是些俗曲，且看诸歌伎中尚未开口的最漂亮女子，她演唱谁的，谁就是最终的优胜者，是我的话，你们都要拜我为师。一会儿该女子发声，张嘴就是王之涣的名作《凉州词二首》：“黄河远上白云间，一片孤城万仞山。羌笛何须怨杨柳，春风不度玉门关。”王之涣等人大笑，歌伎们急忙打问，才知道正主在此，于是大家一起饮酒欢笑。这个故事的真伪无从判断，但是写故事者的心态值得玩味。那时候的文人，是以一种相对平和的心态来看待歌伎们，不仅为她们写诗，也乐于看到自己的诗歌受到这些女子的青睐。这大约是唐代文人与歌伎互动的心理基础吧。

有的妓女，无姿色，也无才气，但是剑走偏锋，也能混得风生水起。《北里志》记载，妓女迎儿无姿色，也无口才，“既乏丰姿，又拙戏谑”，但性格彪悍，“多劲词以忤宾客”，总是骂客人。还有一位更彪悍的，以伤人为能事，据《北里志》记载，“牙娘居曲中，亦流辈翘举者。性轻率，惟以伤人肌肤为事”。此女专门以打人为己任，能一把抓花客人的脸。这些女子很受某些有特殊爱好的客人喜欢。《北里志》作者孙棨曾为妓女王福娘题壁三首。其三曰：“试共卿卿戏语粗，画堂连遣侍儿呼。寒肌不耐金如意，白獭为膏郎有无。”所谓“寒肌不耐金如意”，就是体表有伤之意。白獭膏指的是白獭髓，外伤用。《拾遗记》卷八记载：“孙和悦邓夫人，常置膝上。和于月下舞水精如意，误伤夫人颊，血流污裤，娇姹弥苦。自舐其疮，命太医合药。医曰：‘得白獭髓，杂玉与琥珀屑，当灭此痕。’即购致百金，能得白獭髓者，厚赏之。”此处孙棨疑似以此暗示自己与福娘之间的关系如孙和与邓夫人一样香艳。

当然，也有非常矜持的妓女，其目的是制造“奇货可居”的氛围。《北里志》记载某妓女，姿色平平，但善辞令，深受欢迎。有年轻进士刘覃，富二代，听说该女子大名，但未曾谋面，于是出重金求之。损友给该女出主意，礼金照收，就是不见，“得到不如得不到”，结果刘覃越发焦急，出钱越来越多，但该女还是拒绝见面。刘覃听说某吏能制住诸妓，于是重金贿赂该吏。小吏冲进去将该女塞入轿子抬来。刘覃兴冲冲掀开轿帘，却见该女子蓬头垢面，涕泗交下，丑陋不堪，刘覃大失所望，令人原路抬了回去！

金玉其外，败絮其中

唐代名妓平时看着珠光宝气，光彩照人，充满欢声笑语，实际上都极端苦闷，她们没有正常的感情生活（薛涛、鱼玄机等是典型），没有人身自由，甚至外出都受到严格限制。《北里志·海论三曲中事》云：“诸妓以出里艰难，每南街保唐寺有讲席，多以月之八日，相牵率听焉。皆纳其假母一缗，然后能出于里。其于他处，必因人而游，或约人与同行，则为下婢，而纳资于假母。”每月逢八，妓女们才能以到保唐寺听讲道为由外出，而且这一日由于无法为老鸨们挣钱，要缴纳一缗钱才可以出门。假如有其他原因外出，也要给老鸨交钱。

平康坊这种地方，鱼龙混杂，堪称“丛林社会”，连劝酒都格外“野蛮”。《北里志》记载：“胡证尚书质状魁伟，膂力绝人，与裴晋公度同年。公尝狎游，为两军力士十许辈凌铄，势甚危窘，公潜遣一介求救于胡。胡衣皂貂金带，突门而入，诸力士睨之失色。胡后到，饮酒一举三钟，不啻数升，杯盘无余沥。逡巡主人上灯，胡起，取铁灯台，摘去枝叶，而合其跗，横置膝上，谓众人曰：‘鄙夫请非次改令，凡三钟引满一遍，三台酒须尽，仍不得有滴沥，犯令者一铁跻。’胡复一举三钟。次及一角觥者，凡三台三遍，酒未能尽，淋漓逮至并坐。胡举跻将击之，群恶皆起设拜，叩头乞命，呼为神人。胡曰：‘鼠辈敢尔，乞汝残命。’叱之令去。”

胡证属于“另类文人”。首先，他是个进士，《旧唐书》卷一百六十三记载：“胡证字启中，河东人。父瑱，伯父玫，登进士第。证，贞元中继登科。”其次，此人孔武有力，且性格豪迈，大概正因为如此，后来曾经担任魏博节度副使、单于都护、振武军节度使、金吾大将军，以及京西巡边使、京北巡边使等武职。

故事中的“裴晋公度”就是著名宰相裴度，他是胡证的同年。当时裴度在平康坊被“两军力士”（可能指的是左右神策军）十余人欺凌，只能暗地派人找胡证解难，胡证穿着黑色貂皮，系着金腰带，冲门而入，气势就镇住了这些军人。然后拿起酒来，海量狂饮，又拿过一支铁灯台，掰去其枝叶，拎在手上，众人吓得噤若寒蝉。胡令众人轮流饮酒，凡不尽饮或者有酒漏的，就举手作势要痛击之，吓得这些兵痞叩头乞命。裴度终于靠胡证的勇武在平康坊脱难。

劝酒尚且如此，其他案件更不要说了，杀人越货也是常事。《北里志》记载了两起杀人案。温庭筠的好友令狐滈在考上进士前就曾经遭遇险情："令狐博士滈（令狐绹之子），相君当权日，尚为贡士，多往此曲，有昵熟之地，往访之。一旦，忽告以亲戚聚会，乞辍一日，遂去之。滈于邻舍密窥，见母与女共杀一醉人而瘗之室后。来日复再诣之宿，中夜问女，女惊而扼其喉，急呼其母，将共毙之，母劝而止。及旦，归告大京尹捕之，其家已失所在矣。"令狐滈在此地有老相好，有一日又去，却被该女子告知要参加亲戚聚会，闭门谢客。令狐从邻舍窥探，发现妓女和其母（不是真正的母亲，老鸨而已）杀了一个醉汉，然后埋到屋后。第二天令狐再来，夜宿时提起此事，妓女掐住其喉咙，急呼母亲来，想杀人灭口，但其母可能是心存慈悲，劝阻之。令狐滈第二天向京兆尹举报，京兆尹派人赶来捕人，只见人去屋空，母女从此不知下落。

还有一起案件。"王金吾，故山南相国起之子，少狂逸，曾昵行此曲。遇有醉而后至者，遂避之床下。俄顷，又有后至者，仗剑而来，以醉者为金吾也，因枭其首而掷之曰：'来日更呵殿入朝耶？'遂据其状。金吾获免，遂不入此曲。"王式乃宰相王起之子，浪荡公子，经常出入平康坊。有一次，到某妓女屋中，忽然有醉汉闯入。为了不与醉人争执，王式只好躲到床下，没想到过了一阵又有一人闯入，持剑将醉汉头颅砍掉，嘴里说："来日更呵殿入朝耶？"此处需要解释一下。《北里志》称王式为"金吾"，实际上王式晚年才担任左金吾卫大将军，仕途前期一直是文官，《新唐书》卷一百六十七记载：“（王）式以荫为太子正字，擢贤良方正科，累迁殿中侍御史。”事件发生时间《北里志》没有详细记载，但极有可能是王式担任殿中侍御史期间。所谓“呵殿入朝”，是殿中侍御史在上朝时维持秩序的行为。唐代御史威风凛凛，王式有可能在此过程中得罪人了，于是该人或该人雇的刺客利用王式爱去平康坊的特点，在此刺杀他。只是夜间不辨真容，误杀了醉汉。王式经此一吓，再也不去平康坊。

平康坊这种风流渊薮，必然鱼龙混杂，治安极差，自古以来都是如此。

但是宋代以后，官员狎妓就成了禁止的事情，因此宋人可能非常羡慕唐人。宋代《中吴纪闻》卷一记载：“白乐天为郡时，尝携容、满、蝉、态等十妓夜游西武丘寺，尝赋纪游诗，其末云：‘领郡时将久，游山数几何？一年十二度，非少亦非多。’可见当时郡政多暇，而吏议甚宽，使在今日，必以罪去矣。”赵翼《题白香山集后诗》云：“风流太守爱魂消，到处春翘有旧游，想见当时疏禁纲，尚无官吏宿娼条。”

宋代对官员狎妓有所禁止，但其发达的商品经济使娼妓生意十分兴旺。梁庚尧《宋代伎艺人的社会地位》对于宋代包括妓女在内的“伎艺人”的组成、身份和社会地位进行探讨，他指出：“事实上，不少女伎艺人，在出卖伎艺的同时，兼且出卖色相。”他还对宋代有名的瓦子勾栏中倡优歌伎的阴暗面进行论述：“瓦子勾栏给人的印象所以如此恶劣，女色的引诱自然是原因之一。不仅在瓦子勾栏，即使在其他处所，有时倡优歌伎也被用来作为以色行骗的工具。”明代谢肇淛的《五杂组》卷八对明代娼妓现象如此概括：“今时娼妓布满天下，其大都会之地动以千百计，其他穷州僻邑在在有之，终日倚门献笑，卖淫为活，生计至此亦可怜矣。两京教坊，官收其税，谓之‘脂粉钱’，隶郡县者则为乐户，听使令而已。唐、宋皆以官伎佐酒，国初犹然，至宣德初始有禁，而缙绅家居者不论也，故虽绝迹公庭而常充牣里闬。又有不隶于官，家居而卖奸者，谓之‘土妓’，俗谓之‘私窠子’，盖不胜数矣。”

科举与青楼看起来完全不相干，实际却成了相辅相成的一对组合，在唐代尤其如此。所谓“士子风流”，除了文采之外，还有另外一种“风流”。以今人来看，实不足取，然而这就是历史现实，反映的是唐朝的时代特色。

长安的租房族和他们的收入

自古以来，租房子都是一件不容易的事情，可能是每个年轻人都要经历的。本章以杜甫、白居易等人为例，讲解唐代的租房生活。不论是赶考的贡士、苦读的学子，还是已经中第但收入不高的年轻官员，多数有房子方面的烦恼。

白居易——长羡蜗牛犹有舍！

虽然人口少，但限于生产力，在古代买房，尤其是在大城市并不容易，跟现在一模一样。一线大城市好地段的房子难买，买不起房是经常的，处理的办法也和现在一样：先租房。

在中国古代，租房的名人很多。比如，白居易就是著名的租房族。早年他刚来到长安，曾经干谒名人顾况。《幽闲鼓吹》记载："尚书白居易应举，初至京，以诗谒著作顾况。况睹姓名，熟视白公曰：'米价方贵，居亦弗易。'乃披卷，首篇曰：'离离原上草，一岁一枯荣。野火烧不尽，春风吹又生。'却嗟赏曰：'道得个语，居即易矣。’因为之延誉，声名大振。”顾况比他辈分高，那时名气也比他大。听说来客叫白居易，顾况就开玩笑说，“米价方贵，居亦弗易”，就是说长安这个地方物价很高，居住起来可是不易。然后看了他的诗文，正是我们熟知的“野火烧不尽，春风吹又生”，大为惊异，立刻断定眼前此人是个才子，以后能够出人头地。

不出顾况所料，白居易后来真的考中了。但是白居易在他的人生前半段，想在长安搞套房仍是大不易。他品级低，俸禄少，长时间买不起房，被迫当起了租房族。《卜居》一诗就体现了他的这种落魄：

> 游宦京都二十春，贫中无处可安贫。
> 长羡蜗牛犹有舍，不如硕鼠解藏身。
> 且求容立锥头地，免似漂流木偶人。
> 但道吾庐心便足，敢辞湫隘与嚣尘。

我还不如一只老鼠有洞，还不如一只蜗牛有壳。不管地段，哪怕低洼潮湿，哪怕环境喧嚣，不管房子质量如何，只要有个属于我的房子，我就会觉得幸福得不得了。

无奈之下，年轻的白居易只好租房住。当时，他租住在常乐坊，但不久又搬了出去，估计是因为租金的问题。长安城居民分布东多西少，常乐坊就在东部繁华地段，距离兴庆宫仅有一坊之隔。此处的房价一定不菲。搬走后，他跟元稹、周谅等人在永崇坊的华阳观租房居住。

华阳观是个道观。唐代的寺院和道观功能很多，可当旅馆，可当学校，可当安厝之所，可当戏场。而且寺院、道观很宽容，不会用清规戒律来约束租房者。

唐代后期，莫休符《桂林风土记》云：“隋曰缘化寺，后因纱灯延火烧毁重建。玄宗朝改名开元寺。有前使褚公亲笔写《金刚经》碑，在舍利塔前。西有观音寺井。贞元中，有李氏因左迁寓居僧院。属暑月，以食余熟羊脾悬井中，逡巡雷震暴作，羊肉置于隙地，而烟气薰灼。”桂林开元寺，唐德宗时曾有李姓租房者，时值暑热，将吃剩的羊脾挂在井中，估计是利用井中的低温来保持新鲜。

这条史料表明，寄居佛寺者可以入伙，也可以独立开伙。还有其他史料证明有寄居寺庙者喝酒的。自梁武帝断酒肉令以来，中国僧人起码在戒律上已经摒弃酒肉，但并不严格。例如，怀素就有著名的《食鱼帖》：“老僧在长沙食鱼，及来长安城中多食肉，又为常流所笑，深为不便，故久病，不能多书，实愧予报。诸君欲兴善之会，当得扶羸也。即日怀素藏真白。”僧人尚且如此，对寄居者生活习惯当然也不会有太多干涉。

因为宽容和租金低廉，很多无房族选择了居住于佛寺道观。

到了元和二年，白居易成了翰林学士，又迎娶了杨汝士的妹妹。那个年代没房照样可以结婚。白居易结婚之后，依旧没有房子，但搬出了华阳观，搬到新昌坊，在那里又租了个房子。为什么搬出去？估计是夫妻同居于道观，总归比吃肉喝酒要尴尬。

新昌坊也有问题，它位于长安城东部偏南，离上班的宫城或者大明宫比较远（一般官员在皇城或者大明宫南半部上班，而白居易供职的翰林院在大明宫右银台门内，距离更远）。每天上班，尤其是冬天，那个滋味实在不好受。白居易《早朝贺雪寄陈山人》就描绘过那个可怜的场景：

长安盈尺雪，早朝贺君喜。将赴银台门，始出新昌里。
上堤马蹄滑，中路蜡烛死。十里向北行，寒风吹破耳。
待漏午门外，候对三殿里。须鬓冻生冰，衣裳冷如水。
忽思仙游谷，暗谢陈居士。暖覆褐裘眠，日高应未起。

古代上朝均为凌晨未明之时，本来就是人困马乏且寒气逼人，高官贵胄们也觉得苦不堪言，所以唐朝后期大明宫建福门外为上朝的官员准备了“待漏院”，以供到得早的官员临时歇息。而对白居易来说，路很长，天不亮就要上朝，冬夜马蹄又滑，蜡烛也被吹灭了，寒风把耳朵都快给吹裂了，十分狼狈，然后突然想到一个事，你陈山人，日子过得多逍遥，每天都睡到自然醒，盖着暖暖的被子。你看我为了功名利禄，成了什么样子。关键是，这样的日子还要循环往复，所以说白居易租房的日子过得也很不舒服。

杜甫——只能租住在长安郊区

杜甫也一样。杜甫很穷的时候还不如白居易。杜甫早年的生活仰仗家庭的接济还过得去，但他父亲去世以后，形势就急转直下了。在他的诗文里我们发现，三十岁以后的杜甫生活贫困，有时不得不到达官贵人家充当宾客。那时候的达官贵人，除了生活奢靡，往往还要附庸风雅，家里要养几个宾客，陪着他们吟诗作赋，赏花弄月。为了生活杜甫也不得不这样做。他在《奉赠韦左丞丈二十二韵》描述说：“朝扣富儿门，暮随肥马尘。残杯与冷炙，到处潜悲辛。”很多无奈跃然纸上。

白居易在长安起码还租得起房，杜甫则租不起长安城内的房子，不得不到长安东南郊外，在汉宣帝的杜陵附近找一个房子租下来，所以自号“杜陵野老”，因为旁边还有个少陵，是许皇后的陵墓，又号“少陵野老”。他住在那里时，有一年秋季，天降大雨，连续数十日，道路泥泞，物价飞涨，人们甚至把衣物和被子抱出来换钱。杜甫穷得什么也没有，干脆把院门锁起来，让孩子们在院子里跑着玩，省得他们出去看见别人家吃东西难受。

那么是怎么个租法？唐代租房其实也有房东和房客，还有中间人。唐代《博异志》中记载了一个叫陈仲躬的人的故事，说的是房东来找他，说你不要在这里住了。陈仲躬说，我已经交了钱，你不让我住不行。“明旦，忽有牙人叩户，兼领宅主来谒仲躬，便请移居，并夫役并足。”其中，“宅主”就是房东，“牙人”就是中间人，他们来帮陈仲躬搬家，说同样的钱我已经在别的地方给你找到房子，不用再给钱了，还带着夫役来给他搬行李。这就是当时房屋租赁的情况：有宅主，就是房东；有牙人，就是房屋中介；还有夫役，就是搬家公司。

租的房子全用来住吗？和现在一样，当然也有用来做生意的。比如说隋初大臣刘昉，本来对隋文帝有拥立之功，但此人是墙头草，随风倒，就是无原则的政客，而且贪婪好财。《隋书·刘昉传》记载："然性粗疏，溺于财利，富商大贾朝夕盈门。"长安遇到饥荒，隋文帝下令说，既然遭遇饥荒，长安城禁止酿酒，因为酿酒占用粮食。"后遇京师饥，上令禁酒，昉使妾赁屋，当垆沽酒。"刘昉得到消息之后，竟然让自己的妾跑到外面去租了一个房子卖酒，因为此时奇货可居。刘昉身为国家大臣，利用信息差挣这点小钱，毫无体统，结果遭到御史弹劾。

长安的东西市也是这样。长安城东部人口比西部人口要多，但长安的西市更加繁华，其中一个原因就是东市外人口太过密集。长安城东市和西市的店铺从考古来看都不大，最大的也不过三十多平方米，小的只有九平方米。在这种情况下，每个店铺可能都需要一些囤货的仓库。我们现在到鞋店买鞋，说了中意的款式及尺码之后，店员都要消失一阵拿鞋去。当时也一样。店铺距离市场当然不能太远，所以就要在市场外面寻找。东市外人口比较密集，房价、租金比较高，导致这些商旅干脆去了西市。《长安志》卷八记载："公卿以下居止多在朱雀街东，第宅所占勋贵，由是商贾所凑，多归西市。"西市外人口稍微少一点，房租可能低一些，从经营成本来说，商家承受得了，所以西市比东市要繁华。这起码是原因之一。

考生们进京考试也要租房

租房子的不仅有买不起房的人，还有进京赶考的书生、外地进京的人和办事的官员。比方说，唐朝著名红灯区平康坊的兴盛就与进京赶考的书生们租房子密切相关。平康坊成为红灯区主要是唐朝中后期的事情，而那时刚好伴随着科举文化的兴盛。科举考试时，全国各地来的考生最青睐三个坊，即崇仁坊、宣阳坊、亲仁坊，考生来这三个坊租房子的最多。为什么他们喜欢住在这里？因为这里离尚书省选院，也就是举行科举考试和吏部铨选的地方比较近。平康坊刚好开在这三个坊中间，边上还是东市，一条龙服务，购物方便，喝酒吃饭方便，娱乐也方便。

连商人都嫌东市外的房子贵，这帮考生不在乎吗？第一，这些考生不是常年在这里住，只是参加科举时过来租房子住，短时间租个房子还是承受得起的；第二，古代科举名义上是对所有人开放，但真正能够参加考试的一般是有钱人家的子弟。一些外地进京的官员来办事的时候，也在三坊内租房子住，他们也跟青楼密切相关。安史之乱后出现了很多进奏院，也就是各地藩镇在长安设置的驻京办事处。唐前期曾经有过一件有意思的事情，当时还没有进奏院，有朝集使。每年冬季，各地的刺史或刺史的副手充当朝集使进京汇报本年度的工作，接受宰相的考核。他们在这里一住就要几个月时间，当然也要租房住。后来，唐太宗发现这些人经常和商人住到一起去，他觉得不好。为什么？自古以来重农抑商，认为官员不应该跟商人杂处，所以他下令在京城内找空地给朝集史造了房屋三百余座，这样才使这些人住上了官办招待所，不再在外面租房。

总之，自古以来租房族的日子都不好过，但这也是人生必经的一个阶段。希望正在租房的你打起精神，咱们以白居易举例。白居易在长安时根本买不起房，写下了那样哀怨的诗句，但到了中晚年，日子过得那叫一个逍遥，尤其是后来在洛阳买下了履道坊住宅。那房子有多大？十七亩。就好比现在跑到上海黄金地段买了一个十七亩大的宅院，有山有湖，有树有竹，过着非常逍遥的生活。洛阳景色优美，龙门石窟、香山都是著名景点。

白居易晚年最爱洛阳，名人甚至能改变一地的文化。本来到洛阳的诗人都爱吟诵洛阳之春，唯独白居易最爱洛阳之秋，后来洛阳之秋就成了一种文学母题。徐凝《和秋游洛阳》云：“洛阳自古多才子，唯爱春风烂漫游。今到白家诗句出，无人不咏洛阳秋。”

白居易故居位于唐代洛阳城东南履道坊西门内西北隅，今狮子桥村东北约 150 米处，为白居易 53 岁时购买的散骑常侍杨凭宅。白居易在这里度过了晚年。白居易宅挨着裴度宅，并隔伊水渠与履信坊其友元稹为邻。1992—1993 年，社科院考古研究所对白居易故居进行了考古发掘，历时 140 天，发掘总面积 7 249 平方米。发掘出的主要遗迹有坊间道路、水渠、房屋居址、园林中的瓦渣小路等，还出土了大批唐宋遗物。临坊的西侧有两条并行的水渠，发掘长度 130 米，各宽约 8 米，距现代地面约 3 米。还发现了白居易制作的经幢“佛顶尊胜陀罗尼”及“大悲心陀罗尼”。

他在《池上篇》里描述自己的住宅：“地方十七亩，屋室三之一，水五之一，竹九之一，而岛树桥道间之。……有堂有亭，有桥有船；有书有酒，有歌有弦。有叟在中，白须飘然；识分知足，外无求焉。”那种骄傲满足跃然纸上。

白居易的墓也在洛阳，就在龙门石窟对面的香山，即龙门东山，因为武则天曾在这里建香山寺，后专称“香山”。白居易晚年最爱香山，经常流连忘返，自称“香山居士”。

白居易晚年生活比较逍遥，以他为首的“香山九老”也成了晚年悠闲生活的代名词。《白氏长庆集》有关于“香山九老”的记载：“前怀州司马安定胡杲，年八十九。卫尉卿致仕冯翊吉皎，年八十六。前右龙武军长史荥阳郑据，年八十四。前磁州刺史广平刘真，年八十二。前侍御史内供奉官范阳卢真，年八十一。前永州刺史清河张浑，年七十四。刑部尚书致仕太原白居易，年七十四。以上七人，合五百七十岁，会昌五年三月二十一日于白家履道宅同宴，宴罢赋诗。时秘书监狄兼谟（狄仁杰曾孙）、河南尹卢贞以年未七十，虽与会而不及列。”一共七位，加两位列席代表。后来又有两位老者加入：李元爽，洛中遗老，一百三十六岁；僧如满，九十五岁。关于李元爽的年龄，有人说他一百三十六岁，也有人说他九十六岁，但无论哪种说法，他都算是高寿之人。

白居易青壮年和晚年迥然不同的生活水平与其名气的变化密切相关。下面说一下唐代文人的主要收入来源——写碑铭，写墓志铭。

唐代文人的主要收入来源——写碑铭、墓志铭

唐朝文人当官后，收入除了俸禄，给人写碑文、写墓志铭也是一大来源。撰文也好，书碑也好，如果名声大，这笔收入甚至可以超越俸禄。《旧唐书·李邕传》记载：“邕长于碑颂，朝中衣冠及天下闻人多赍持金帛，以求其尔。前后所制，凡数百首，受纳馈遗亦至百万。时议自古鬻文获财，未有如邕者。”李邕以乐善

好施、帮助年轻穷苦文人而闻名，其实他这样做，经济上是有资本的。

当时甚至出现了这样的场景，有达官贵人去世，文人争相上门兜售自己，争为死者写碑铭。《唐国史补》卷中记载："长安中，争为碑志，若市贾然。大官薨卒，造其门如市，至有喧竞构致，不由丧家。"竟然出现了丧家门庭若市的景象，可谓"熙熙攘攘，皆为利往"。

如果是著名文人，丧家会主动上门求写碑铭，有时还求而不得。柳公权就是典型，他是著名大臣，又是书法大家，收入颇丰。据《旧唐书·柳公权传》记载，当时请他写碑、写墓志的人很多，以至于京城若有人父母去世，不请柳公权书碑就会被责为"不孝"，所以柳家门庭若市，应接不暇，无法一一满足。柳公权在财务方面神经很大条，不在意钱财的事，挣的钱都由家中两个"主藏"（管家），即竖海鸥、龙安管理，两人上下其手，将柳公权的钱贪污瓜分。柳公权最爱的一套器具放在箱子里，结果箱子还在，东西不翼而飞，问两人，两人回答不知道，柳公权只笑着说句"银杯羽化耳"，不再追究。也许是钱多不在乎？目前可见的柳公权书碑（包括实物与仅存拓片者）主要有：《金刚经碑》《平西郡王李晟碑》《大唐回元观钟楼铭》《冯宿碑》《羲阳郡王苻璘碑》《玄秘塔碑》《神策军碑》《刘沔碑》《原道碑》《魏公先庙碑》《高元裕碑》《复东林寺碑》等。2021 年，西安又出土了柳公权书《唐故开府赠扬州大都督杨公（承和）神道之碑》。柳公权存碑之多在唐代著名书法家中名列前茅。

但"吃人嘴软，拿人手短"，既然是收钱办事，"谀墓"现象就不可避免。所谓“谀墓”，就是为死者说好话，有时完全脱离实际，颇遭人诟病。

这种现象其实很普遍。例如武则天的外甥贺兰敏之，其人以采花贼之名为人熟知，典型的纨绔子弟，最后在被流放的路上自杀于岭南韶关，但《大唐故贺兰都督墓志》却说：“既而时移代易，森秀风摧。萋斐且行，薰获遽改。一迁丹徼，遽变缇灰。大厦不申，小年俄谢。以咸亨二年八月六日，终于韶州之官第，春秋廿有九。”不仅回避了死者自杀的事实，还对死者的品德进行了一番夸赞，甚至说“森秀风摧”，暗示死者是“木秀于林，风必摧之”。再如近年出土的《安乐公主墓志》，将唐中宗之死归咎于安乐公主的丈夫武延秀和韦后死党韦温，而没有明说是安乐公主下毒。这种讳饰，一是出于传统的“死者为大”的观念，二则往往和“谀墓”相关。

类似的例子在唐朝历史上简直不胜枚举。

韩愈在这方面的所作所为就有点令人诟病，其所撰《唐故河南令张君墓志铭》就是典型。该志记载墓主祖父是张利贞，张利贞在唐玄宗时期曾担任御史中丞、陈郡留守、河南道采访处置使等。其实，韩愈在这里为死者讳，没有提及张利贞还担任过河北道采访处置使，因为张担任这个职务期间的所作所为不够光彩，他接受安禄山贿赂，在朝官中为其疏通关系说好话，被视为安禄山发迹之初的“贵人”之一。“谀墓”文过饰非可见一斑。

韩愈靠写碑文、墓志挣钱极多，但也遇到过刺头。《新唐书·刘叉传》记载，刘叉号称“节士”，有侠士之风，年轻时曾经酒后杀人，然后潜逃。后来天下大赦，他才抛头露面，“更折节读书，能为歌诗。然恃故时所负，不能俯仰贵人，常穿屐、破衣”。此人颇有魏晋古风，不跻身官场，形象也狂放不羁，作《冰柱》《雪车》二诗，举世闻名，曾经来到韩愈家，直入房中，取走韩愈黄金数斤，并说“此谀墓中人得耳，不若与刘君为寿”。刘叉直接将韩愈所得说成“此谀墓中人得耳”，韩愈也无可奈何。从这一点来说，韩愈还是有胸怀的。

也有人坚持原则，面对巨额报酬毫不动心。例如韦贯之，他是严肃且有原则的大臣，进士科出身，后来曾出任中书舍人、宰相。《唐国史补》卷中记载：“是时裴均之子将图不朽，积缣帛万匹，请于韦相贯之。举手曰：‘宁饿死，不苟为此也。’”韦贯之非常瞧不起裴均，裴均是通过明经科考试上来的。此人在贞元十九年出任荆南节度使，后来为了仕途竟然当了宦官窦文场的养子，还曾经助纣为虐，帮助宦官绞杀“永贞革新”，唐宪宗元和三年，入为尚书右仆射，判度支。寻出为检校左仆射、同平章事，充山南东道节度使，累封郇国公。此人贪鄙，又是宦官养子，故为君子所不齿，其子以重金求韦贯之为父亲撰墓志，而韦贯之断然拒绝。

不给别人谀墓，清正廉洁，是韦贯之一生的原则，所以他的收入比其他人少很多。《新唐书·韦贯之传》记载：“（韦贯之）生平未尝通馈遗，故家无羡财。”

白居易曾在《秦中吟十首·立碑》一诗中对“谀墓”现象进行嘲讽：“勋德既下衰，文章亦陵夷。但见山中石，立作路旁碑。铭勋悉太公，叙德皆仲尼。复以多为贵，千言直万赀。为文彼何人，想见下笔时。但欲愚者悦，不思贤者嗤。岂独贤者嗤，仍传后代疑。古石苍苔字，安知是愧词。我闻望江县，麹令抚茕嫠。在官有仁政，名不闻京师。身殁欲归葬，百姓遮路歧。攀辕不得归，留葬此江湄。至今道其名，男女涕皆垂。无人立碑碣，唯有邑人知。”他讽刺道，看世上的石碑上记载的人个个功比姜太公，德如孔仲尼，其实其中不乏宵小之徒，写碑文者只是为钱，“但欲愚者悦，不思贤者嗤”，为了钱不顾贤者之鄙夷。他将这种碑文称为“愧词”。那些真正有德行功业的人却因为没有人立碑吹捧，佳名也只有当地人知道。

不过，白居易写碑铭挣钱也很多。他晚年优渥的生活条件与中年以后名声响亮直接相关，和韩愈、柳公权等人一样，他也是“顾客”盈门。因此有人也对白居易有意见，只是更多出自嫉妒，此人就是皇甫湜。皇甫湜，唐宪宗元和年间进士，也是一代风云人物，曾与牛僧孺、李宗闵在参加贤良方正科考试时上书批评时政，这一事件堪称那时的“公车上书”，传统上认为这是引发“牛李党争”的标志性事件。皇甫湜与韩愈、白居易、李贺、柳宗元、李翱等有较多往来。才气大，脾气也急躁。教孩子读书，孩子抄错了古诗，大怒，要求仆人拿手杖来，要揍孩子，手杖一时没送来，“则啮腕血流”。被蜜蜂蜇了，痛得不行，大怒，发动家中奴仆，又花钱动员邻里孩子“箕敛蜂巢，购以善价”，把周围所有蜂巢扫荡一空，蜂巢众多，以至于“山聚于庭”，然后下令将蜂巢投入杵臼，捣得稀烂，这才出了一口恶气。《新唐书》说他“辨急使酒，数忤同省，求分司东都”，就是因为脾气和酗酒得罪了同僚，自请前往东都洛阳任职。

适逢东都留守裴度正在修建福先寺，欲立碑，碑文请白居易写。皇甫湜与白居易关系不错，但闻听此事还是大怒，对裴度说：“近舍湜而远取居易，请从此辞。”裴度赶紧赔罪，皇甫湜痛饮一番，援笔立就。裴度献上润笔，“宝车名马，缯彩器玩，约千余缗，置书，遣小将就第酬之”（《唐阙史》）。皇甫湜又嫌给得少（他心里估计有个标准，就是不能低于白居易，当时白居易为人写墓志和碑文动辄收入数十万钱），要求“字三缣”，整个碑文三千字。裴度笑曰，真奇才也，于是照数付给九千匹缣的天价酬劳。

不过，君子爱财，取之有道，白居易在这方面遭人诟病不多。他一生的莫逆之交元稹去世后，元家请白居易书写墓志铭，而且按照行情给白居易奉上了巨额润笔。白居易《修香山寺记》：“予与元微之定交于生死之间，微之将薨，以墓志文见托，既而元氏之老，状其臧获、舆马、绫帛，洎银鞍、玉带之物，价当六七十万，为谢文之贽。予念平生分，贽不当纳，往返再三，讫不得已，回施兹寺。凡此利益功德，应归微之。”白居易推脱再三，元家执意要给，白居易最后决定将这笔巨资捐赠给洛阳香山寺，以为功德，而且声明“凡此利益功德，应归微之（元稹）”。

古往今来，名气与财富往往相关，这是普遍规律。君子爱财，取之有道。传统道德观中有一弊端，就是刻意将贫穷与节操相联系，似乎有德之人必须贫穷，为富则必不仁。然古往今来，不爱财的似乎永远是少数，于是颇多一批人养成了既爱财又善于矫饰的虚伪面貌。我们更希望看到的是这样一个社会：有才干的人可以合法致富，贫穷的人可以通过努力致富。社会不仇富，也不鄙视贫穷，更没有虚伪的面目。每个人都坦荡活在这个世界上。

刘禹锡——“铁轴”！

说起刘禹锡，读者脑海中闪现的第一个身份当然是大诗人。但与唐朝半数以上的大诗人一样，刘禹锡除了是文学家，还是政治家，而且参与了一场失败的改革——永贞革新。在此前后，他始终用自己的倔强与这个世界抗衡。

人是世界上最复杂的动物。刘禹锡有“诗豪”的美名，而作为政治家，他所参与的永贞革新一直到现在评价仍然是褒贬不一。刘禹锡的很多表现实际上也完全展现了人性的复杂。他有着对国计民生的关怀、对基层百姓的同情，但个性方面又有很大问题。当然也有很多人欣赏他的个性，比方说那种执拗、倔劲儿，或者说“轴”。真正称得上是一个一言难尽的人物。

少年得名

刘禹锡称自己的先祖为中山靖王刘胜。但是正如中国很多家谱给自己找一个显赫的人来做先祖一样，刘禹锡自称的家世也不见得就可靠。卞孝萱《刘禹锡评传》经过考证之后认为，刘禹锡非但不是中山靖王刘胜的后代，甚至极有可能不是汉族人，而是匈奴人之后，因为匈奴当年的冒顿单于曾经跟汉高祖刘邦和亲，子孙随母姓。南匈奴投靠汉朝以后改姓为刘。在“五胡乱华”的过程当中，匈奴人中曾经出现过刘渊、刘猛等著名人物。卞孝萱先生经过考证认为，刘禹锡就是匈奴人之后。

他的父亲刘绪的生平跨越了开元盛世、天宝年间和安史之乱，曾经担任盐铁副使，快四十了还没有孩子，原来以为这辈子也就这样了，没想到不惑之年生下了刘禹锡。在那个年代，这样算是老年得子了，是相当高兴的事。当时，由于安史之乱，大批的知识分子到江南逃难，那里的文化变得日渐发达。刘禹锡自称是洛阳人，但那是他的祖籍，他本人自小生活在江南。

顺便说句题外话。中国历史上，北方每次战乱带给南方的往往是移民的大浪潮，而这些移民浪潮带来的意外结果就是南方经济一次又一次的腾飞。比方说最早的永嘉之乱，另外一个就是安史之乱，还有宋朝的靖康之难，这几次战乱给南方带来了大量的劳动力和人才。

刘禹锡自小就跟江南的那些文人交往，认识了皎然和尚，还有权德舆等文化名流，并且受到了他们的赏识。刘禹锡聪颖，智慧超群，他饱读诗书，广泛涉猎诸子百家，非常勤奋。他在晚年写的《罢郡归洛阳闲居》中说：“花间数杯酒，月下一张琴。闻说功名事，依前惜寸阴。”

到了唐德宗贞元五年（789），淮南节度使杜佑请年轻的刘禹锡替自己起草了《为淮南杜相公论西戎表》。杜佑是《通典》的作者，在政坛、文坛都是泰斗级的人物，文笔自然极其出众，之所以延请年轻的刘禹锡，是因为听说了刘禹锡的大名，想试验一下他。因此命题作文，结果刘禹锡一挥而就，写得非常漂亮。杜佑大为赞赏。

到了贞元九年，刘禹锡参加科举，一举中第。当时能第一次参加科举就中第，相当不易，所以刘禹锡一时之间十分得意。当时与他同登进士的还有柳宗元，后来二人成为一生的好朋友，并称“刘柳”。后来刘禹锡又考中了博学鸿词科。到了贞元十一年，又考中了吏部取士科，他在《夔州刺史谢上表》中写道：“贞元年中，三忝科第。”意思是，他在考试中三次登顶。这样的成就放在整个唐朝也是罕见的。此时的刘禹锡正在经历他人生的高光时刻，可以说是春风得意。也就是在这个时候，他的父亲去世了，他必须奔赴家乡“丁忧”。他原本已经被授予太子校书，也不得不暂时搁置。

刘禹锡的父亲于扬州去世。在他的操持下，父亲被安葬在洛阳，因为那里是他们的祖籍。刘禹锡在洛阳继续丁忧。

那时天下的形势十分微妙，正是唐德宗统治晚期，称得上是内外交困。安史之乱之后，有严重的宦官专权。中国历史上有三个朝代宦官专权最严重，分别是东汉、唐朝和明朝。现在一说起宦官，很多人想到的就是明朝的魏忠贤。但是比起唐朝，明朝的宦官简直就是小巫见大巫。唐朝的宦官有兵权，敢杀皇帝，敢换皇帝。从唐肃宗时期开始，宦官专权愈演愈烈，到了唐德宗时期已经达到顶峰。知识分子对这种现象当然是多有不满。

另一大患就是藩镇割据。这也是安史之乱后唐朝皇帝需要面对的首要问题。唐德宗上台之初，自信满满，曾经立志要清除藩镇割据，但是他的手段有重大问题，在没有培养、掌握强有力的中央军的情况下，采用了以藩镇对付藩镇的手段。而偏偏那时的藩镇桀骜不驯，中央权威丧失殆尽，是否听命于中央全看藩镇利益取舍。于是唐德宗在位期间，接二连三地遭遇惨重的挫败，尤其是被派去前线的泾原兵马路过长安时，不满于没有赏赐、饮食标准太差，竟然举兵作乱，攻占长安，唐德宗不得不外逃避难。所以藩镇割据问题也是当时天下一等一的大事。

到了贞元十六年，徐泗濠节度使张建封去世。张建封的儿子张愔自立为节度留后。当时的藩镇就是一个个割据的小王国，以至于形成惯例，自行废立，老节度使死了，儿子往往要求继任新节度使。而所谓“节度留后”就是代理节度使的意思，等着朝廷承认既成事实。但是唐德宗不愿意就这样让张愔得逞，所以命杜佑率军前去讨伐。杜佑想起了刘禹锡，将其擢拔为自己的幕僚。

刘禹锡那时不是在家丁忧吗？杜佑让他来给自己担任掌书记。但是讨伐张愔的战争以失败宣告结束。朝廷被迫承认张愔为徐泗濠节度使。

这是刘禹锡登上政治舞台的第一步。掌书记的地位相当重要。节度使俨然是一方诸侯，位高权重，而掌书记在节度使的幕僚当中堪称一人之下，万人之上。当然，对掌书记人选的要求也很高。韩愈在《徐泗濠三州节度掌书记厅石记》中曾经这样说：“书记之任亦难矣！……其朝觐、聘问、慰荐、祭祀、祈祝之文，与所部之政，三军之号令升黜，凡文辞之事，皆出书记。非闳辨通敏兼人之才，莫宜居之。然皆元戎自辟，然后命于天子。”几乎所有具体的政务、文告都出自掌书记之手。他们不仅要负责做出决策，还要负责传达和执行，同时要负责文章的撰写和文书的起草。“非闳辨通敏兼人之才，莫宜居之”，是告诫人们，非有非常之才华，不宜担任节度掌书记。

刘禹锡当然担得起这个职责，而且干得风生水起。但不久之后出现了新问题——他的老母亲在南方住不习惯，提出要回北方。

唐人最重孝道，母亲提出要回北方居住，当然不可怠慢。于是刘禹锡向杜佑辞别，改任渭南县主簿——一个正九品上的小官。刘禹锡就这样携家带口搬到了帝都附近。与此同时，柳宗元调任蓝田尉。蓝田县离长安也不远。当时两人在文坛名声逐渐响亮，深受京兆尹韦夏卿的赏识。

后来杜佑也从节度使的任上回到长安，担任宰相，并且再次让刘禹锡给自己当秘书，让他为自己代笔写了很多文章。刘禹锡越发名声大噪，不久就开始担任监察御史。而且在这时，他认识了另一个关键性的人物——比他大四岁的韩愈。

与韩愈之间的“裂痕”

韩愈无论学问还是主张，都跟刘禹锡比较接近，两个人大有一拍即合的感觉。与此同时，柳宗元也调任御史台监察御史里行。韩愈、柳宗元、刘禹锡三人成为同事，也成为好朋友，经常坐到一起谈诗论道，提倡古文运动，反对浮华的骈体文。在唐宋时期的文学改良运动中，韩愈、柳宗元、刘禹锡绝对是重磅级人物。

这里要提醒大家注意的是，他们所谓的古文运动并不简单只是文学方面的问题。古文运动要求文以载道，要用切实、扎实的文章来阐述忠孝之义，与当时正在兴起的春秋学派的主张类似。他们的终极目的是要重建中央权威，重振儒家的纲领，也就是纲常伦理。这是对安史之乱之后中央权威衰落的痛心疾首，试图挽回局面，所以才有了这样的以文学为载体的政治运动。而韩愈、柳宗元、刘禹锡是这个运动的核心人物。据《唐故中书侍郎平章事韦公集序》记载，李翱曾说："翱昔与韩吏部退之为文章盟主，同时伦辈，柳仪曹宗元、刘宾客梦得耳。"

但是好景不长，很快刘禹锡与韩愈之间的友谊就出现了裂痕。

这与李实密切相关。李实，唐朝宗室，道王李元庆玄孙，曾历任江西府判官、蕲州刺史。嗣曹王李皋任山南东道节度使的时候，将其辟为节度判官、检校太子宾客、员外郎。李皋病逝，新帅未至，李实临时担任节度使留后，却克扣军士待遇，军士怨叛，他们聚集在一起商量作乱杀死李实。李实连夜用绳索出城，逃回长安。

唐德宗没有怪罪他，反而对他十分恩宠。估计是在唐德宗眼里，藩镇将士都不值得信任，他们反对的自己就要反其道而行之，更何况此人还是宗室，所以拜他为司农少卿，加检校工部尚书，再升京兆尹，封嗣道王。李实继任京兆尹之后，对刘禹锡、柳宗元还是不错的。

但李实其人，本事不大，可一说到怎样挣钱、攒钱这种事儿，简直两眼放光，非常对唐德宗的脾气，可是让老百姓苦不堪言。《旧唐书·李实传》记载："自为京尹，恃宠强愎，不顾文法，人皆侧目。"有一年大旱，老百姓连饭都吃不上，皇帝问李实：听说现在旱灾，老百姓负担很沉重，都很穷，是不是事实？李实却汇报说：“今年虽旱，而谷甚好。”言下之意就是，赋税可以照收不误。所以老百姓对李实简直恨之入骨。

万般无奈下，百姓只能变卖家产、树木，甚至拆屋变卖建材，以供赋敛。优人成辅端编了一段打油诗嘲讽李实：“秦地城池二百年，何期如此贱田园，一顷麦苗伍石米，三间堂屋二千钱。”李实心胸狭窄，竟然举报成辅端诽谤国政。德宗下令将成杀死。此事可谓天怒人怨。

韩愈非常瞧不上李实，见皇帝又被李实蒙在鼓里，斗胆写了《御史台上论天旱人饥状》向皇帝揭发：“右臣伏以今年已来，京畿诸县，夏逢亢旱，秋又早霜，田种所收，十不存一。陛下恩逾慈母，仁过春阳，租赋之间，例皆蠲免。所征至少，所放至多；上恩虽弘，下困犹甚。至闻有弃子逐妻，以求口食；拆屋伐树，以纳税钱；寒馁道途。毙踣沟壑。有者皆已输纳，无者徒被追征。臣愚以为此皆群臣之所未言，陛下之所未知者也。”韩愈首先告诉皇帝的确是遭灾了，而且灾情非常严重。夏天遭遇的是大旱，秋季又有早霜，所以田中所收十不存一，收成连以往的十分之一都没有。但现在征调不止，赋税不减，“有者皆已输纳，无者徒被追征。臣愚以为此皆群臣之所未言，陛下之所未知者也”，就是说皇上被蒙在鼓里，被李实欺骗了。

看了这个奏状，唐德宗勃然大怒，这时候他已经到了晚年，在削藩的战争中已经心灰意冷，到了晚年没有别的事了，就是敛财。当然，我们也能理解——他本人削藩一波三折，屡遭失败，自己颠沛流离，受过很多的苦，后来意志消沉，再也不对藩镇用兵。不过他仍然不甘心，揣度自己的能力不足以担负削藩这么重大的使命，因此把希望寄托在未来，寄托在继承者身上。那么自己现在要做什么工作？他要为继任者攒钱。自古以来，世界上最花钱的事就是战争，没有雄厚的家底，无法支撑长时期的战争。

所以唐德宗敛财并不是为他自己的个人生活，而主要是为了未来对藩镇的战争。后来为什么唐宪宗平定藩镇取得了那么大的成就？这与唐德宗时期积累的财富有很大关系。不过，老百姓的确是苦，尤其是在这样一个旱年，赋税丝毫不减，令人苦不堪言。

对此唐德宗可以说是置若罔闻，一味信赖李实。韩愈直说皇帝被骗，导致唐德宗恼羞成怒，贬韩愈为岭南阳山县令。

韩愈有件事想不通，他认为自己被贬是被李实陷害。但作为御史台官员，给皇帝上奏状，按理说李实是看不到的。那么是谁把这个消息泄露给了李实，导致他在皇帝面前进谗言呢？

韩愈首先怀疑的就是刘禹锡和柳宗元。原因很简单：第一，自己上疏前，只给刘禹锡和柳宗元看过，二人知情。第二，这两个人同受李实器重，是他的心腹。所以自己的奏章一定是他们泄露给李实的。

韩愈的推测不一定对，因为还有另一种可能，就是李实并不知情，唐德宗直接下的贬黜命令，是他恼羞成怒的结果。但是韩愈仍然心生埋怨，因此后来写过一首诗叫《赴江陵途中寄赠王二十补阙李十一拾遗李二十六员外翰林三学士》，内中说："同官尽才俊，偏善柳与刘。或虑语言泄，传之落冤仇。二子不宜尔，将疑断还不。中使临门遣，顷刻不得留。"就是说我原本跟柳宗元和刘禹锡二位关系很好，但怀疑是他们两个把机密给泄露出去了。

由此，韩愈与刘禹锡等人的关系就出现了裂痕。

这可能也间接影响了后世对刘禹锡的评价。我们现在研究永贞革新，研究刘禹锡的成功与失败，依靠的主要史料中有一本很重要的书叫《顺宗实录》，而这正是韩愈写的，所以现在关于永贞革新的很多评价受到韩愈的影响。他本来就对王叔文等人主持的这个改革颇有微词，再加上和刘禹锡在私人关系方面有些矛盾，因此很难说韩愈对永贞革新的评价能够做到完全公允。

后来，武元衡任御史中丞，成了刘禹锡的上司。他对刘禹锡的命运产生了很大的影响。三十三岁那年，刘禹锡迎娶京兆水运使薛謇的女儿为妻，正式成了家。在那个年代，三十三岁才成家可是够晚的。刘禹锡以前忙于工作，现在才算正式娶妻。

而这个时候，唐德宗在敛财方面变本加厉。税目繁多，实行两税法。与此同时，唐德宗任用宦官，实行宫市，公然掠夺百姓财物。《旧唐书》卷一百八十三记载："时宫中选内官买物于市，倚势强贾，物不充价，人畏而避之，呼为'宫市'。"《唐会要》卷八十六记载："时屡有中官于京城市肆。强买人间。率用直百钱物。买人数千钱物。仍索脚价。及进奉门户。谓之宫市。是时吴凑为京兆尹。数上言。切为条理。无几。中贵人等奏云。百姓蒙宫市存养。颇获厚利。"《旧唐书》卷一百四十记载："尝有农夫以驴驮柴，宦者市之，与绢数尺，又就索门户，仍邀驴送柴至内。农夫啼泣，以所得绢与之，不肯受，曰：'须得尔驴。'农夫曰：'我有父母妻子，待此而后食；今与汝柴，而不取直而归，汝尚不肯，我有死而已。'遂殴宦者，街使擒之以闻，乃黜宦者，赐农夫绢十匹。"有农夫拖着柴到市场上去卖，宦官来了，给了农夫几尺绢，就要把所有柴都拉走，甚至还要把农夫的驴也给牵走。于是这个农夫就哭，说把绢还给你们，能不能把驴还给我。宦官不听，于是农夫非常气愤，直接把这个宦官按在地上就打。皇帝听说之后，罢黜宦官，宽恕了农夫并赏给他十匹绢，但是宫市依然不停，因为这是敛财的好手段。

刚才提到的农夫卖柴这件事，就是白居易《卖炭翁》故事的原型。“翩翩两骑来是谁？黄衣使者白衫儿。”高级宦官穿黄衣服，仆役穿白衣服。“手把文书口称敕，回车叱牛牵向北。一车炭，千余斤，宫使驱将惜不得。半匹红纱一丈绫，系向牛头充炭直。”这就是宫市的一个体现。所以刘禹锡、柳宗元、韩愈、白居易、元稹、李绅、韩泰、王涯、张籍、吕温、李景俭等人对这些现象十分痛恨，意欲革除弊政。

身处永贞革新的“旋涡”

王叔文是越州（今浙江绍兴）人，自称前秦时期著名宰相王猛之后，至于是真是假，无从判断。王叔文苏州司功出身，因擅长围棋而担任翰林院棋待诏。那个时候，翰林院有很多所谓有一技之长的人陪皇帝玩。王叔文不是通过科举上来，也不是靠政绩上来，纯粹是因为棋下得好进了翰林院，出身很低，这也是后来他被很多人看不起的主要缘故。唐顺宗李诵当太子时，王叔文担任太子侍读，他在太子身旁讲了很多民间疾苦，所以颇得太子的赏识和信任。

太子李诵对于父亲晚年的弊政多有清醒的认识，一直胸怀壮志，希望自己登基之后可以革除那些弊政。在听说宫市的弊端之后，李诵非常愤怒，欲向皇帝揭发宦官的所作所为，要求废除宫市。李诵热血沸腾、跃跃欲试之时，被王叔文悄悄地拦了下来："皇太子之事上也，视膳问安之外，不合辄预外事。陛下在位岁久，如小人离间，谓殿下收取人情，则安能自解？"（《旧唐书·王叔文传》）意思是劝太子注意自己的身份，作为储君，不要锋芒毕露，每日例行公事就好了。你父亲在位时间长了，现在疑神疑鬼的，你现在向他犯颜直谏，如果有小人进谗言，说太子这样做是要收买人心，为自己未来登基做准备。你父亲如果听信了这个谗言，你将如何自处？太子听了之后恍然大悟，自此对王叔文非常器重。

永贞革新另外一个核心人物是王伾，杭州人，曾经跟王叔文一块儿在太子身边当侍读，他很喜欢议论政治，所以颇得太子的信任。王伾尽管有正义感，但是据说品格很低下，为人很贪婪，这也为未来改革的失败埋下了一个伏笔。

刘禹锡自打认识了王叔文等之后，就与他们形成了政治盟友关系。《旧唐书·王叔文传》记载："（王叔文）每对太子言，则曰：'某可为相，某可为将，幸异日用之。'密结当代知名之士而欲侥幸速进者，与韦执谊、陆质、吕温、李景俭、韩晔、韩泰、陈谏、柳宗元、刘禹锡等十数人，定为死交。"这个同盟受到太子的赏识，就是最大的政治资本，未来要利用好这个。等到太子登基之后，大刀阔斧地进行改革。改革的目标是革除唐德宗时期的弊政。比方说宦官专权的问题要解决，藩镇的问题要解决，财政、税收等问题也需要解决。当时王叔文还找到了韦执谊做自己的盟友，韦执谊是后来的宰相。唐德宗还在世时，两人就已经在暗暗地为未来的改革招揽人才。

韦执谊很欣赏刘禹锡和柳宗元的才华，三人往来甚密，关系很好。韦执谊后来又结识了牛僧孺。牛僧孺自小有大志，十五岁起不出家门，刻苦攻读，后来考取了进士。受韦执谊委托，刘禹锡、柳宗元前去延请牛僧孺。但是此时原本很器重刘禹锡和柳宗元的顶头上司武元衡，由于政见不同，对二人与王叔文交往甚密感到不满。

就在这些人积蓄力量，准备进行改革时，突然发生了意外——太子中风，口不能言。

心脑血管疾病是唐朝皇室的家族病，很多皇帝都有，唐顺宗尤其严重。他还在当太子时，没等到继位就中风了，口不能言，后来还半身不遂。因此王叔文和刘禹锡陷入焦虑：自己的靠山如果就此一病不起，该怎么办？而且就在这个时候，受到太子病情打击的唐德宗在贞元二十一年（805）驾崩，他这一死，导致某些想绕过现任太子，让现任太子的儿子广陵郡王李纯继位的人蠢蠢欲动，因为太子身体已经不行了。李纯不是别人，就是后来颇有作为的唐宪宗。但是在王叔文等人的强烈坚持下，太子李诵终于得以继位。

在登基大典上，李诵是被人抬着上殿举行登基仪式的。正因为身体不好，唐顺宗后来深居简出，身旁陪伴的只有妃子牛昭容，还有宦官李忠言负责传话。所以，当时要想下情上达的话，一经韦执谊出文告，二经王叔文决断，三经王伾，四经李忠言，五经牛昭容，才能为顺宗知晓。

王叔文从这个时候开始飞黄腾达，他还想拉拢御史中丞武元衡，但是遭到拒绝。同时武元衡对刘禹锡也颇多微词。给唐德宗举办葬礼时，武元衡任仪仗使，刘禹锡想担任仪仗使判官，被武元衡拒绝。

王叔文有正义感，也有想法，但是他最大的问题就是不容异己，党同伐异。所以武元衡拒绝了刘禹锡的请求之后，王叔文就反过来打击武元衡，让他由御史中丞改任右庶子。不过话说回来，这事对武元衡来说，反倒是因祸得福，表面上看起来贬官了，但实际上右庶子是太子东宫的官员。换句话说，武元衡变成太子李纯的手下了。这为后来武元衡在唐宪宗李纯手下担任宰相、呼风唤雨、成为风云人物，埋下伏笔。

唐顺宗口不能言，所以臣下想见皇帝是很难的，与皇帝之间总是隔着牛昭容、李忠言、王叔文和韦执谊，当然也有刘禹锡和柳宗元。这件事引起了朝臣的不满。很多人说，你们是挟天子以令群臣，我们怎么知道你们传出来的是真的皇帝的旨意，还是你们自己夹带私货的。所以很多人对王叔文、刘禹锡等人极度不满。

王叔文大刀阔斧地进行改革，尤其是人事任免格外频繁，以至于当时很多人来拜访，甚至贿赂他。韩愈批评说："夜作诏书朝拜官，超资越序曾无难。"（《韩愈集》卷三《永贞行》）讽刺王叔文等任免官员的随意性。一言以蔽之，很多人认为王叔文人事工作一团糟，直接破坏了组织纪律和工作程序。

在此过程中刘禹锡也帮助王叔文做了很多事，这也是很多人对刘禹锡不满的主要原因。

王叔文、刘禹锡、柳宗元的改革主要针对的是什么？就是宦官和藩镇两大弊政。他们一系列大刀阔斧的改革包括：罢宫市，取消五坊使。所谓“五坊使”，就是充任雕坊、鹘坊、鹞坊、鹰坊、狗坊使臣的宦官。上面提及的是五种打猎消遣用的猛禽和犬。五坊使常以捕贡奉鸟雀为名，对百姓进行讹诈，甚至故意在人家门口设置捕鸟网，限制人家出入，想撤网就得贿赂他们。

还有取消进奉。节度使通过进奉钱物讨好皇帝，这是国家税收之外的额外贡献。有的每月进贡一次，称为“月进”；有的每日进奉一次，称为“日进”。进奉的内容包括钱财、物产、美食等。德宗时，每年收到的进奉钱财多则五十万缗，少也不下三十万缗。进奉的钱财自然是搜刮的民脂民膏，而以敛财为目的的唐德宗对此睁一只眼闭一只眼。革新派上台后，以唐顺宗的名义下令，除规定的常贡外，不许别有进奉，实际上是减轻了民众负担。

打击贪官。浙西观察使李锜，原先是唐德宗面前的红人，兼任诸道盐铁转运使，乘机贪污，史书称他“盐铁之利，积于私室”（《新唐书·食货志》）。王叔文当政后，罢了他的盐铁转运使之职。前文提到的京兆尹李实，也曾是唐德宗面前的红人，王叔文等罢去其京兆尹之职，贬为通州长史。李实离任的时候，百姓在前门围堵，怀揣砖石瓦块欲殴打之，李实不得不从别的门溜走。

打击宦官。裁减宫中闲杂人员，停发内侍郭忠政等十九人俸钱。革新派还计划从宦官手中夺回神策军兵权，并任用老将范希朝为京西神策诸军节度使，韩泰为神策行营行军司马。神策军原本是天宝时期哥舒翰在西北地区设置的一支边防军，参与过平定安史之乱，后来在大宦官鱼朝恩率领下为唐代宗护驾有功，越发受重视，后来逐渐演变成事实上的禁卫军，而兵权为宦官所掌握，成为宦官专政的“一把刀”。既然要打击宦官，逐步剥夺其兵权当然是重要一步。

抑制藩镇。剑南西川节度使韦皋想完全领有剑南三川（剑南西川、剑南东川及山南西道三镇），派副使刘辟到长安对王叔文进行威胁利诱：“谓叔文曰：‘太尉使某致微诚于公，若与其三川，当以死相助。若不用，某亦当有以相酬。’”（《韩愈集·外集》卷九《顺宗实录》）这话兼有“利诱”和“威逼”，王叔文大怒，拒绝了韦皋的要求，而且声称要斩刘辟，吓得刘辟狼狈逃走。

他们还放出宫女三百人、教坊女乐六百人还家，使其与家人团聚。宫女为良人，教坊女乐多贱口（社会地位卑贱），但都没有人身自由，放她们回家，无疑是一种德政。

以上改革针对时弊，大刀阔斧，但是这样的改革动了既得利益者的“蛋糕”，一定会得罪很多人，尤其是宦官和藩镇对王叔文等很不满。朝臣当中也有很多人对“二王”的垄断、霸道作为不满。王叔文和王伾出身低贱，只是因为给太子当过陪读，太子当了皇帝后就飞黄腾达了，他们目中无人，因此有很多人看不惯。这两个人做事也的确有很多让人非议的地方。刘禹锡和柳宗元是他们的帮手，因此被朝臣们称为“二王刘柳”。

口诛笔伐之“二王刘柳”

朝野上下关于“二王刘柳”的谣言满天飞。比如，说王叔文很贪婪，接受别人的贿赂，家里做了个箱子，那个箱子只开了一个口，钱只进不出。而且说王叔文的老婆为了看住这些钱，晚上就睡在箱子上。说实话，这些史料是真是假，现在已经无从判断，没有证据证明其真，也没有证据证明其伪。当然，关于“二王刘柳”的这些负面史料主要来自韩愈的《顺宗实录》，而韩愈本质上是反对“二王”新政的，加上跟刘禹锡又有个人关系方面的裂痕，所以《顺宗实录》的客观性值得怀疑。

当时也有人来劝过王叔文。比如，朝中名士窦群对王叔文说“夫事有不可知者”。王叔文问是何意思，窦群回答说：“去年李实伐恩恃贵，倾动一时，此时公逡巡路旁，乃江南一吏耳。今公已处实形势，又安得不虑路旁有公者乎？”（《旧唐书·窦群传》）你赶走的那个京兆尹李实，曾仗着唐德宗的信赖，简直是嚣张跋扈，而那时你不过是路旁来自江南的一个小吏。现在你的地位有如当年的李实，又怎么能不考虑现在路旁是不是有当年的你？意思就是你可小心，不要锋芒毕露，未来落得跟李实一样的下场。王叔文听了之后挺不高兴的，就没有采纳他的意见。

王叔文这阵儿还想垄断财权，以时年七十一岁的杜佑为度支盐铁使，自己为副使。原盐铁转运使李锜改任镇海节度使。王叔文这一招别有用意，他知道杜佑年事已高，不大可能直接过问具体事务，这样做外可利用杜佑之名望，内则使财政权实际上落入自己之手。

刘禹锡此时任屯田员外郎，判度支盐铁案，实际上成为王叔文的“操盘手”。屯田员外郎掌管百官职田和公廨钱，这个职位至关重要。百官职田，就是给百官作为收入的职田。这是公家的土地，但是官员任期内收获的粮食归官员所有。公廨钱，就是官府拿出本钱用来放贷，然后获利充作办公经费。

刘禹锡终日繁忙，甚至每天为了缄封文件和信笺要用一斗面熬制浆糊。《云仙散录》引《宣武盛事》道：“顺宗时，刘禹锡干预大权，门吏接书尺日数千，禹锡一一报谢，绿珠盆中日用面一斗为糊，以供缄封。”杜佑是刘禹锡的恩公，但此时刘禹锡帮助王叔文架空杜佑，说得严重一点可谓背叛座主。这一举动违背当时士林公议，使得其风评进一步走低。

刘禹锡行政期间得罪不少人，尤其遭到侍御史窦群的弹劾。据《资治通鉴》卷二百三十六记载，窦群奏“屯田员外郎刘禹锡挟邪乱政，不宜在朝”。窦群，字丹列，家族皆是“学霸”，兄弟都名列进士，唯独窦群以处士身份居于毗陵。韦夏卿荐之，被拜为左拾遗，转膳部员外郎，兼侍御史，号称朝中名士。此时窦群与二王、刘禹锡、柳宗元正面对立。《旧唐书·窦群传》记载：“王叔文之党柳宗元、刘禹锡皆慢群，群不附之。其党议欲贬群官，韦执谊止之。”唐朝御史本来就有言论自由，即便弹劾错了，也不追究过错，这是惯例。但是王叔文因为弹劾一事要把窦群贬为唐州刺史，引发朝野上下对“二王刘柳”的不满，最终是韦执谊保下了窦群。

宦官也开始对“二王”集团展开反击。他们发现自己的兵权逐渐被侵夺，这还了得，兵权就是一切，怒曰：“从其谋，吾属必死其手。”（《顺宗实录》）宦官告诉神策军的军官们不要听范希朝和韩泰的话，所以二人虽然当了神策军的将领，但发现自己是空心领导，没人听他们的，以至于范希朝到了奉天城的军营后，竟然没有将领来拜见，也没人听他的命令。范希朝和韩泰徒呼奈何。

“二王”集团的出发点是正当的，改革措施也针对时弊，但很多事情，有时“可执行性”比“策划”更重要。王叔文等操之过急，看似大刀阔斧，实际是短时间内大量树敌，所以改革这时已经有了失败的迹象。

这场改革失败的关键就在于太子之争。顺宗继位时已经中风，是被抬着上殿继位的，所以他的太子人选就成了重中之重。“二王刘柳”原本希望这个问题缓议，就是先不要立太子，因为太子也是一股政治力量。“二王”集团此时非常倚重唐顺宗的支持，不想立太子。但是宦官俱文珍、刘光琦等为了与“二王刘柳”对抗，竭力主张要早立太子，并且联合了朝臣。

他们主张立唐顺宗的长子广陵王李纯为太子。国不可无储君，嫡长子继承名正言顺。但是唐顺宗妃子牛昭容与广陵王关系不好，所以不愿意把群臣立太子的请求转达给唐顺宗。这些人就绕过牛昭容，将一张写有“立嫡为长”四个字的纸条，经由宦官俱文珍转交给皇帝。唐顺宗看了之后，点头表示认可，因为对他而言，广陵王是自己的长子，德行方面也无可指摘，况且自己的身体如此糟糕，继承人是必须考虑的事情。

这一点头，问题可就严重了。病榻上的唐顺宗实际上已经丧失全盘思考的能力。这个时候，朝野上下，太子人选问题本来就是焦点之焦点，皇帝一点头，等于宦官以及反对王叔文、刘禹锡的人就取得了一定的资本。此时朝廷内的斗争非常复杂，多数官员本就对王叔文、王伾这些身份低贱的人火箭式的上升极度不满，加上顺宗不能亲理国政，由牛昭容、李忠言、王叔文、王伾和韦执谊这些人代理宣布各项政令，朝野上下十分疑惑。

王叔文集团的核心人物个性也有很大的缺陷。这些人中大概只有韦执谊情商比较高，多多少少还顾及与别人打好关系，王叔文就很少考虑别人的感受，刘禹锡和柳宗元也都是自视清高、性格耿直的人。他们的改革很多是针对时弊的，也受到了老百姓的欢迎和拥护。但是政治斗争要讲手腕，必要的时候要有妥协与迂回。王叔文、王伾、柳宗元、刘禹锡等人很明显不懂这个道理，不仅亢进，而且坚持“顺我者昌，逆我者亡”，因此为失败埋下了伏笔。

新太子上台成了“二王集团”走向失败的导火索。太子册立后，王叔文在厅堂内题杜甫诗句：“出师未捷身先死，长使英雄泪满襟。”王叔文自比壮志未酬的诸葛亮，很明显已经意识到即将失败。但“二王”集团还是希望能够改变太子，让太子接受他们的政治主张。韦执谊决定派具有学术威望的陆质（陆淳）为太子侍读，“使潜伺太子意，且解之。及质发言，太子怒曰：‘陛下令先生为寡人讲经义耳，何为预他事！’质惶惧而出”（《资治通鉴》卷二百三十六）。没想到陆质一给太子讲时政，讲改革的合理性，太子就正色说：陛下令先生为寡人讲经而已，没有让你议论朝政，你意欲何为？陆质被搞得灰头土脸的。

这件事充分体现出太子的政治态度，就是对“二王刘柳”很不满，敬而远之。这个时候宦官俱文珍等决定再加一把火，由韦皋、严绶、裴均三位藩帅出面上表，“请权令皇太子亲监庶政”。被王叔文得罪的韦皋又上太子疏，指责王叔文等人“辄当重任，赏罚任情，堕纪紊纲。散府库之积以赂权门。树置心腹，遍于贵位；潜结左右，忧在萧墙。窃恐倾太宗盛业，危殿下家邦，愿殿下即日奏闻，斥逐群小，使政出人主，则四方获安”（《资治通鉴》卷二百三十六）。

此时，宦官、藩镇已经站到同一阵线反对王叔文。这是事实上的政变。此次上表要求皇帝让皇太子监国，由皇太子代理国政。

贞元二十一年七月，当皇帝仅仅数月的唐顺宗被迫同意让皇太子监国。到了八月，又宣布内禅，即禅位于皇太子。这位皇太子不是别人，就是后来的唐宪宗。唐顺宗当太上皇以后改元永贞，所以这场改革又被称为“永贞革新”。

永贞革新，随着唐宪宗的上台而宣告失败，总共只维持了一百四十六天。唐宪宗上台第三天，王叔文就被贬至渝州（今重庆），不久就被唐宪宗赐死。王伾被贬至开州（今四川开县）当司马，不久也病死了。

玄都观里桃千树，尽是刘郎去后栽

刘禹锡、柳宗元等革新集团的核心成员都被贬到外地去当司马，其中刘禹锡到朗州，柳宗元到永州，韦执谊到崖州，韩泰到虔州，陈谏到台州，韩晔到饶州，凌准到连州，程异到郴州，并为司马。整个永贞革新集团核心成员就此被称为“二王八司马”。

此后，刘禹锡在郎州、连州、夔州、和州辗转了二十二年。刚到郎州，刘禹锡就听到了一个坏消息，太上皇唐顺宗驾崩。刘禹锡在很多诗文中怀疑唐顺宗不是正常死亡，而是为现任皇帝唐宪宗所害。此人性格倔强，直言不讳，毫无顾忌，在诗文中也不掩饰这种怀疑。他在《武陵书怀五十韵》中借用历史典故暗讽唐宪宗："俗尚东皇祀，谣传义帝冤。桃花迷隐迹，楝叶慰忠魂。"义帝就是秦末农民大起义项梁等人拥立的楚怀王（沿用其先祖之名号），后来称为"义帝"。史传义帝被项羽暗杀，刘禹锡借此暗示顺宗就是被无故杀害的"义帝"。王叔文死讯传来，刘禹锡又悲愤写下《华佗论》，以曹操杀害华佗的典故抨击唐宪宗的举动："夫贤能不能无过，苟置于理矣，或必有宽之之请。彼壬人皆曰：'忧天下无材邪！'曾不知悔之日，方痛材之不可多也，或必有惜之之叹。彼壬人皆曰：'譬彼死矣，将若何？'曾不知悔之日，方痛生之不可再也，可不谓大哀乎？……吾观自曹魏以来，执死生之柄者，用一恚而杀材能众矣。又乌用书它之事为？呜呼！前事之不忘，期有劝且惩也。"

刘禹锡在贬谪期间遭遇了种种打击与不幸，但是那股子倔劲、信心和勇气从来没有动摇。比如，他听说元稹跟宦官之间发生了矛盾。当时元稹途经华州敷水驿，宿于客房上厅。大宦官仇士良、刘士元等人过此，也要住上厅，遭到元稹拒绝，元稹被宦官围攻，刘士元用马鞭抽打元稹至鲜血直流。而上司竟然以"轻树威，失宪臣体"为由，贬元稹为江陵士曹参军。刘禹锡对导致永贞革新失败的宦官深恶痛绝，就专门给元稹写信，还送上诗文以示支持，让元稹非常高兴。刘禹锡还经常写诗来抒发对这些政敌的憎恶。

唐宪宗上台后，重用武元衡、杜黄裳、李吉甫、裴垍、李藩、权德舆、李绛、韦贯之等人。这些人虽然与刘禹锡、柳宗元等有很大矛盾，但在反对藩镇割据、加强中央集权等方面，他们的政治理念是相通的。即便如此，刘禹锡照样对他们中的多数人不满。

到了元和九年（814）十二月，刘禹锡被皇帝召回长安。他在外流放将近十年之久，终于回来，但一回来就发生了著名的玄都观题诗事件。怎么回事？刘禹锡这人脾气是真轴。回到长安后，他去玄都观看桃花。玄都观是隋代初建大兴城时设置的著名道观。唐宪宗以后，玄都观内有桃花数千株，闻名遐迩。游览完毕，刘禹锡写下了著名的《元和十年自朗州至京戏赠看花诸君子》："紫陌红尘拂面来，无人不道看花回。玄都观里桃千树，尽是刘郎去后栽。"那是讽刺朝中权贵，你看你们现在一个个春风得意，但你们这帮家伙都是在我落魄之后才飞黄腾达的，大有"山中无老虎，猴子称霸王"的意思。此诗传开，朝中重臣都感到自己受辱，唐宪宗也格外愤怒。

唐宪宗还是太子时就瞧不惯刘禹锡。唐宪宗认为，此人被贬到外地已经十年，也应该吸取教训了，没想到还是这样满腹怨言和执拗，因此格外愤怒。刘禹锡这首诗害得当年的"八司马"一块儿又被贬到边远地区当刺史去了。《旧唐书·宪宗本纪》记载："元和十年三月……乙酉，以虔州司马韩泰为漳州刺史，以永州司马柳宗元为柳州刺史，饶州司马韩晔为汀州刺史，朗州司马刘禹锡为播州刺史，台州司马陈谏为封州刺史。"其中刘禹锡被贬为播州刺史，播州即今天的遵义。柳宗元被贬为柳州刺史。

柳宗元听说刘禹锡要去播州，那个地方极度落后。刘禹锡的老母在洛阳，不能让他带着老母前往自然条件那么恶劣的地方。因此，柳宗元挺身而出："'播非人所居，而梦得亲在堂，万无母子俱往理。'欲请于朝，愿以柳易播。会中丞裴度亦为禹锡言曰：'禹锡诚有罪，然母老，与其子为死别，良可伤！'上曰：'为人子尤当自谨，勿贻亲忧，此则禹锡重可责也。’度曰：‘陛下方侍太后，恐禹锡在所宜矜。’上良久，乃曰：‘朕所言，以责为人子者耳；然不欲伤其亲心。’退，谓左右曰：‘裴度爱我终切。’明日，禹锡改连州刺史。”（《资治通鉴》卷二百三十九）

柳宗元提出自己与刘禹锡交换，让刘禹锡去柳州，自己去播州。御史中丞裴度也站出来为刘禹锡说好话，恳请唐宪宗看在刘禹锡母亲年老的分上，不宜让刘禹锡前往播州。唐宪宗似乎余怒未消，说刘禹锡既然身为人子，就更应该谨慎行事，既然有老母需要奉养，还如此狂悖，更应该处罚了。裴度动之以情，指出宪宗正在奉养太后，出于同理心，也应该减轻对刘禹锡的处罚。唐宪宗被说服，改命刘禹锡为连州刺史。

连州在今天的广东。虽然岭南也是偏远地区，但是连州靠海，据说物产还比较丰富，算得上比较好的地方。刘禹锡到了那儿之后，积极行政，为当地做了很多好事。而这时候传来一个消息，武元衡被刺杀。

刘禹锡的政敌武元衡为什么被刺杀？因为武元衡是朝中有名的强硬派，支持用武力对付藩镇。元和九年，淮西节度使吴少阳死，其子吴元济自称留后。节度使死后，其子自立，由中央补任，在当时几乎已经是割据藩镇的惯例。但雄心勃勃、意欲消灭藩镇的唐宪宗在主战的丞相武元衡、御史中丞裴度等人支持下，决心以武力讨伐，这场讨伐吴元济的战争成为中央与割据藩镇的一次决战。

各个藩镇中，支持吴元济的主要是淄青、成德，它们暗中派人焚烧河阴（今河南荥阳东北）转运仓，并刺杀武元衡及裴度。

《旧唐书·武元衡传》记载："元衡宅在静安里，（元和）十年六月三日，将朝，出里东门，有暗中叱使灭烛者，导骑诃之，贼射之中肩。又有匿树阴突出者，以棓击元衡左股，其徒驭已为贼所格奔逸，贼乃持元衡马，东南行十余步害之，批其颅骨怀去。及众呼偕至，持火照之，见元衡已踣于血中，即元衡宅东北隅墙之外。时夜漏未尽，陌上多朝骑及行人，铺卒连呼十余里，皆云贼杀宰相，声达朝堂，百官恟恟，未知死者谁也。须臾，元衡马走至，遇人始辨之。既明，仗至紫宸门，有司以元衡遇害闻，上震惊，却朝而坐延英，召见宰相。惋恸者久之，为之再不食。"与此同时，另一组凶手对裴度下手，但慌乱中只是将其打伤，裴度侥幸活了下来。唐宪宗下定决心与藩镇对抗，拜裴度为宰相，主持削藩战争。

按理说，武元衡与刘禹锡虽是政敌，在对付藩镇这个问题上，两人政见应该是一致的。刘禹锡此时却展现了性格的弱点，把个人恩怨看得重于国家利益，他写了首诗《代靖安佳人怨二首》对武元衡进行讽刺："宝马鸣珂踏晓尘，鱼文匕首犯车茵。适来行哭里门外，昨夜华堂歌舞人。秉烛朝天遂不回，路人弹指望高台。墙东便是伤心地，夜夜流萤飞去来。"这里，"靖安"指的是武元衡居住的静安坊。他没有对逝者表示哀悼，也没有对凶手表示愤怒，而是用了专诸刺吴王僚的历史典故，而且重点描绘武元衡家里歌女在主人遭遇不测之后的哭泣，尤其"适来行哭里门外，昨夜华堂歌舞人"两句充满讽刺意味。所谓"行哭"用了《礼记》里的一个典故。《礼记·檀弓下》记载："文伯之丧，（其母）敬姜据其床而不哭，曰：'昔者吾有斯子也，吾以将为贤人也，吾未尝以就公室。今及其死也，朋友诸臣未有出涕者，而内人皆行哭失声！斯子也，必多旷于礼矣夫！”文伯死后，据说他的母亲不哭。人家问，你儿子死了，你为什么不哭。她说，我养这个儿子，原本想把他培养成圣贤，结果，他死了以后，他的朋友和朝中的同僚没有人哭，全是他身旁的一些歌女在哭，由此可见，我这个儿子不成器。

此诗将武元衡之死与文伯之丧进行比对，暗示他并非“贤人”，大有鞭尸的意味。到了元和十二年十月，唐军与淮西叛军对峙旷日持久，裴度命大将李愬率官军绕过敌人据点，以“擒贼先擒王”之精神雪夜奇袭叛军巢穴蔡州城，生擒叛镇头领吴元济，平定了淮西叛乱。裴度主持的平定藩镇战争取得重大胜利，刘禹锡听闻消息，立即向朝廷上了《贺收蔡州表》，还向恩公裴度上了《上门下裴相公启》和《贺门下裴相公启》，称赞裴度“文武丕绩，冠于古今”，“一德交畅，万邦和平”，并写了《平蔡州三首》，庆贺胜利。看来他对于藩镇还是深恶痛绝的，但对于主战派两个核心人物武元衡与裴度，却按照个人好恶区别对待。

以前那个刘郎又回来了！

长庆元年（821）冬，唐穆宗任命刘禹锡为夔州刺史。唐文宗大和元年（827）六月，朝廷委任刘禹锡为东都尚书省主客郎中。大和二年春，宰相裴度、淮南节度使段文昌等人举荐刘禹锡为主客郎中。刘禹锡回到长安。按理说都到唐文宗大和二年了，当年的恩怨已经一笔勾销，刘禹锡也老了，但是此人的执拗一点儿也没有改变。当年他在玄都观题诗使自己再度遭到贬黜，此次回到长安，又恰逢春天桃花盛开之时。他再次来到玄都观，写诗《再游玄都观绝句》云："百亩中庭半是苔，桃花净尽菜花开。种桃道士归何处？前度刘郎今独来！"他在自序里说："余贞元二十一年，为屯田郎，时此观未有花。是岁，出牧连州，寻贬朗州司马。居十年，召至京师，人人皆言有道士手植仙桃，满观如红霞，遂有前篇以志一时之事。旋又出牧。今十有四年，复为主客郎中。重游玄都，荡然无复一树，惟兔葵、燕麦动摇春风耳。因再题二十八字，以俟后游。时大和二年三月也。"意思是再来此观，时过境迁，当年艳丽的桃花已经荡然无存，只有满园杂草、庄稼、菜蔬，更深一层的意思他没说，但诗文已经表达得很清楚：我的很多仇敌，贬官的贬官，死的死，你们去哪儿了？而以前那个刘郎我又回来了！

刘禹锡——铁轴！

不过，好在这首诗没有再给他带来麻烦，因为当年的政敌的确已经凋零。此后刘禹锡被任命为礼部郎中，兼集贤殿学士。裴度是他的靠山。但是后来以宦官为后台的宰相李宗闵竭力排斥裴度及其同志，于是刘禹锡被外放为苏州刺史。据其《苏州举韦中丞自代状》云，"伏奉去年十月十二日敕授使持节苏州诸军事，守苏州刺史"，文章写于"大和六年十二月九日"，可见除苏州刺史是大和五年十月事。刘禹锡先后任苏州、汝州、同州三州刺史。

刘禹锡在同州刺史任上不满一年。开成元年（836）秋，刘禹锡因患足疾，迁太子宾客，分司东都。

公元 842 年，刘禹锡与世长辞。他的好朋友白居易写了《哭刘尚书梦得二首》，里边说“杯酒英雄君与操，文章微婉我知丘”。前半句指的就是三国的煮酒论英雄。后半句借用了孔子说的一句话，即“后世知丘者《春秋》”，就是你们要想了解我，就去看《春秋》，通过文字来了解我。白居易的意思是，我懂你的诗句，我最懂你。

刘禹锡有正义感，坚持原则，性格也非常坚强，但也有很多缺点：执拗，不近人情，不讲究方式方法。他的一生，是唐代中后期文人复杂命运的体现，留给我们足够多的思考。

李商隐——他的才华与他的软弱

李商隐，晚唐著名诗人，唐朝文学的代表人物之一，与杜牧合称“小李杜”。李商隐的经历能充分展现人性的复杂。他才高八斗，才华横溢，这一点历史上已有定论，不用我们多说。但是他的人生轨迹很不寻常。他被裹挟进两党的政治斗争当中。他本人也的确有很多软弱的地方，导致他在名誉方面受损。

知识分子的人生出口

李商隐，怀州人，字义山，所以他的文集叫《李义山文集》。从他的祖父辈开始，就居住在河南荥阳。他的远祖是陇西李氏，跟李唐皇室是同宗，是西凉武昭王李暠之后。他出生时，父亲李嗣是获嘉县令。这是李商隐的出身。

通过对李商隐一生三个心愿的叙述和分析，陈贻焮《关于李商隐》一文指出：“一、李商隐少壮时代，固然有所谓‘欲回天地’（《安定城楼》）的大志，但比较抽象，而更具体更见诸行动的却是为了‘孝友’，为了家人骨肉之情，对于重建家门和光宗耀祖的渴望，以及为此所做的努力；二、李商隐诗文中的感伤情调（《旧唐书·文苑传》说他‘尤善为诔奠之辞’），固然主要是当时唐王朝衰落时期封建阶级及其知识分子没落情绪的反映，也透露出他其后政治上不得意的苦闷，但也多少含有他自幼孤苦忧伤等身世方面的因素。”文章还将李商隐的一生分为三个阶段：始欲委屈黾援，继悟孤立无援，终于疏远名利。

李商隐的先祖家世还是不错的，他这一门出过好几位进士，他的父亲是获嘉县令。但是他父亲去世之后，家道中落。后来他在《祭徐氏姊文》写道：“伏以奉承大族，载属衰门。”他把自己家称为“衰门”，衰落之门第。李商隐生于元和六年，到了元和十一年，随父亲到浙江赴任。但在那里没多长时间，李商隐还不到十岁时，父亲就去世了，他只能跟着母亲返回家乡。

从此以后，日子过得一落千丈，艰苦而且清贫。他又是家里的长子。在唐代的家族中，长子肩负的担子历来都比较重，身上总负有光耀门楣的家族责任感。李商隐也不例外。年轻时，他就背上了扶持门户、养家糊口的重任。他说自己少年时曾经“佣书贩舂”，就是靠给别人抄书来挣钱，贴补家用。但李商隐很聪明，他父亲在世时曾说他“五岁诵经书，七岁弄笔砚”，这些都是他在自己的诗文中说的。

十多岁时，李商隐跟着一位堂叔学习经文，以擅长写古文著称。在李商隐的回忆中，他称这位堂叔为“处士李某”，可见这位堂叔终其一生应该从来没有当过官。他这位堂叔早年间也曾经想当官，因此到太学求学，当了太学生就有资格参加科举考试了。

可是好景不长，他因父亲病重回到了荥阳老家，从此以后隐居不出，淡泊名利，仙风道骨。比方说，他精于五经，只钻研，从来不作近体诗，只作古体诗，也不写骈文之类的东西。要知道，那些东西是求官、仕进必经的门径，是不二法门，但是他不搞。为什么？就是不想当官。他性格也挺有意思，书法非常好，但是从来不给别人写信，写信都是让家人代笔。为什么？他口述就是怕别人为了得到自己的书法而给自己写信，自己不得不回信。因此遇到来信，他自己口述，由家人代笔，断了别人赚书法作品的念想。

有一次，他给父亲撰写了一块碑，给父亲追福。这是一块经碑，碑立起来之后，十里八乡的人听说这位李某终于写字，于是蜂拥赶来看那块碑。李某听说之后，驾牛车把碑拉走，拉到很远的一个佛寺里，并放到众多的碑中间，为的就是不让人看，不让人临摹，其性格独特至此。

从李商隐追述的这些文字来看，他对这位堂叔敬佩有加。不过话说回来，堂叔的所作所为，李商隐后来可是反其道而行之。堂叔淡泊名利，而且从很年轻的时候开始就已经立志如此，真正做到了一个隐士该有的风范。要知道，唐代沿袭魏晋南北朝文化，对“隐士”还是相当尊重的，但并不是所有隐士都是伯夷叔齐、商山四皓那样的人，其中借机炒作者大有人在，目的就是借社会舆论对隐士的看重抬高自己的地位，“剑走偏锋”。例如唐玄宗时期的“隐士”卢藏用，就是这样的人。《新唐书》卷一百二十三记载：“始隐山中时，有意当世，人目为‘随驾隐士’。晚乃徇权利，务为骄纵，素节尽矣。司马承祯尝召至阙下，将还山，藏用指终南曰：‘此中大有嘉处。’承祯徐曰：‘以仆视之，仕宦之捷径耳。’

藏用惭。”卢藏用其实很想当官，采取的就是以“隐居”博名声，皇帝在哪里，他就“隐居”到哪里。比如皇帝在长安，他就隐居终南山；皇帝在洛阳，他就隐居河南嵩山。人们讽刺他为“随驾隐士”。道士司马承祯对他有一个更加有名的讽刺。当时司马承祯要回终南山隐居，卢藏用一副过来人的架势指着终南山说“此中大有嘉处”，司马承祯讽刺说此山乃“仕宦之捷径耳”。从此就有了成语“终南捷径”，就是不走寻常路以求达到目的的捷径。

李商隐当然与卢藏用有天壤之别，他有真才华，也不屑于走这样的龌龊途径，是光明正大地求仕进。但是在他人生的前半阶段，他为了求仕，为了当官，做了很多违心的事情，以至于在名誉上受到了极大损伤。

不过，唐朝的文人，有没有像这位堂叔李某这样的人？有，但更多的人还是积极追求功名利禄的。李白不也是如此？杜甫不也是如此吗？无可厚非。今人最好不要高高在上，秉持着“文人就该贫寒”的迂腐视角指责古人。人生在世总要发挥自己的人生价值，可是那个年代最大的一个问题，就是知识分子的人生出口很狭窄，除了当官，几乎别无他途来报效社会。不当官，那就去务农。文人也不甘心经商，觉得羞耻。至于出家，很多人又下不了这个决心。所以那时候的知识分子，像李商隐这样积极追求功名利禄的，其实很正常。

从李商隐对他堂叔的称赞来看，他其实很欣赏这种淡泊名利的精神风采，但是他自己做不到。

年轻的时候，李商隐的文章风格受到韩愈、柳宗元等人的巨大影响，但对他影响最大的实际是李贺，就是那个鬼才。李贺英年早逝，但是他真的才华横溢。李商隐见到李贺的文章和诗作之后，击节叹赏。后来李商隐的很多诗歌，尤其他人生前半段的诗歌有浓厚的模仿李贺的痕迹。他还专门写了《李长吉小传》，可以说李贺是他的文学偶像。后来李商隐在宗教信仰方面很相信道教，专门去玉阳山学“道”，也就是在那里，他与女道士之间有了感情方面的故事，留下了很多现在看依然扑朔迷离的诗歌，让人们猜测不已。

伯乐令狐楚

必须指出，到玉阳山去学“道”这件事，李商隐的根本目的肯定不是去谈恋爱的，他的确对道教很感兴趣。唐代文人中对道教有兴趣的人很多，李白就是其中的典型。李商隐年轻时，结识了一位大人物——令狐楚。

令狐楚，唐德宗贞元七年（791）进士，以才思敏捷著称。唐宪宗元和十四年（819），入朝任中书侍郎、同平章事，成为宰相。唐敬宗至唐文宗时，历任河南尹、宣武节度使、户部尚书、东都留守、天平节度使、吏部尚书等职，累升至检校尚书右仆射，封彭阳郡公。“甘露之变”后，因厌恶宦官擅权，遂自请出京担任山南西道节度使。开成二年（837）病逝，享年七十二岁。赠司空，谥号“文”，堪称国之股肱，元老重臣。

结识令狐楚应该是李商隐人生的重要节点。令狐楚和他的儿子令狐绹等人给李商隐提供了很多帮助，是他人生的贵人。令狐楚早年由“牛党”皇甫镈推荐担任翰林学士，在政治分野上属于“牛党”，而王茂元在政治上和令狐楚是对立的，属于“李党”。后来，李商隐却娶了王茂元的女儿为妻。我们前面说，李商隐在名誉方面受损，很大一部分是说他当了王茂元的女婿，被当时的人视为对令狐家的背叛。这种背叛，在那时的价值观看来，是绝对不被社会舆论容许的。

唐人的忠诚观一般来说有两个层面：一个是对君主之忠，这跟其他时代没有太大区别；另一个是对自己的恩公之忠，就是人生中如果有人对自己像是恩公，提供过很大帮助，自己毕生就要忠诚于他，不能改换门庭，不能站到对立面，除非恩公于大义有亏，人神共弃。随意背叛恩公会被舆论视为小人，视为轻浮之人。李商隐偏偏就触犯了这样的忌讳。时人说他背叛，指的就是背叛令狐楚、令狐绹。

李商隐是在洛阳认识的令狐楚。洛阳在唐朝是仅次于长安的大城市，是唐朝的东都。洛阳当时有一整套的政府机构，称为“分司”，就是长安分出来的机构。

“分司”官员的来历很有意思。唐中后期洛阳的政治地位下降，所以来洛阳“分司”任职的多是已经退居二线的年龄很大的官员，他们大多视洛阳为养老之地。李商隐认识的令狐楚，当时就是这么个状态。令狐楚当时年龄已经很大，到洛阳就是发挥余热来了。

当时，李商隐这些年轻人除了去长安之外，洛阳也是很好的选择。正如前文说“行卷”“温卷”时提及的，年轻士人想在仕途上前进的话，必须结识那些重要的大臣，尤其是那些人脉关系比较广的。洛阳这样的人很多。也正是这个缘故，李商隐来到了洛阳。

李商隐来洛阳是希望结识那些达官贵人，其实就是为了寻找伯乐，找到欣赏自己的重臣，通过他的人脉关系给自己求个一官半职。当时，令狐楚已经年过花甲，他在洛阳看到了李商隐的文章，相当欣赏这个年轻人，但也指出了其不足，因为李商隐受堂叔影响，不写骈体文。令狐楚指出，骈体文还是要写，因为它是公文格式，考试用得上，写公文也用得上。以后想当官，骈体文是必要的工具，不是个人喜不喜欢的问题，所以要多写。

当时，令狐楚自己就是骈体文名家，所以他对李商隐称得上是耳提面命，亲手来教。他对这个年轻人欣赏到何等地步？第一，李商隐家境贫寒，为了让其安心读书，令狐楚自掏腰包资助李商隐一家，让他没有后顾之忧。第二，他还让李商隐和自己的儿子令狐绪、令狐绹一起学习。在令狐楚的帮助下，李商隐的骈体文写作水平进步飞速。李商隐也很自负，觉得自己在这方面还是有天赋的，所以想用这种能力来促进仕途的展开。大和四年，他作《谢书》以表达对令狐楚的感激之情，内中有"自蒙半夜传衣后，不羡王祥得佩刀"。这里用了两个典故。第一个典故是佛教禅宗的五祖弘忍传衣钵于慧能，而不是当时大家都看好的神秀，他特地选择半夜与慧能谈法，并传授袈裟给他，正式传衣钵于他。第二个典故是王祥佩刀，王祥是二十四孝中那个卧冰求鲤者。王祥很有才华，以至于他的上司特地把三公才能佩戴的宝刀赠给他，就是预言其位置要到三公。李商隐用这样两个历史典故，其实就是说令狐楚是自己的伯乐，自己心存感激。

为白居易写墓志铭

李商隐在洛阳还结识了年长的白居易。白居易六十岁以后，就到洛阳定居了，买了履道坊住宅，安居下来。他的晚年就是在洛阳度过的，最后葬于香山（龙门东山）。

结识李商隐之后，两人成了忘年交，关系非常好。白居易还给李商隐看了他正在编纂的“六帖”，就是著名的《白氏六帖》。这是一部类书，是科举文化的产物，分门别类地介绍各种知识、典故——当时赋文和科举考试必需的。当时人为了快速记住这些知识，经常靠类书进行检索。白居易的办法是“积少成多”，他自己以及他的门生遇到一些知识就记下来，分门别类地放在几个大瓶子当中，比方说文学、史学、人物、博物、律令格式等，然后把这些东西拿出来，编纂成一部书。这些知识都是零碎化的，但对考试很有帮助。白居易给李商隐看这个，估计是想帮助他应对未来的科举考试。

白居易去世时，受白家委托，李商隐给白居易写了墓志铭。在当时，著名人士的墓志必须由著名人士来撰写，可见白居易对自己这位忘年交有多么重视。

还有个逸闻，见于北宋蔡居厚的《蔡宽夫诗话》，也见于元代编纂的《唐才子传》，说白居易喜欢李商隐的文章，曾经对他说过这么一番话：“我死后，得为尔儿足矣。”意思是钦佩你的文采，死了以后投胎转世，能变成你的儿子就好了。李商隐听了之后，很受感动。

冥冥中似有巧合，就在白居易去世之后没多久，李商隐的夫人就生了个儿子，李商隐立即认定这是白居易转世，于是给这个儿子起名“白老”。没想到这个儿子蠢笨不堪，一点灵气也没有，以至于温庭筠讽刺说：“以尔为侍郎后身，不亦忝乎？”说这个孩子是白侍郎的转世，不是很羞愧吗？后来，李商隐的夫人又给他生了个儿子。这个小儿子确实聪明伶俐，以至于人们说这恐怕才是白居易的转世。不能排除这是虚构的故事。白居易信佛，十分虔诚，广为人知，佛教讲转世轮回，所以可能是在这个基础上虚构出来的。不过，也不能轻易否定这个故事的真实性，毕竟那个年代的人对轮回之事笃信不已。李商隐给自己的儿子起名白老，很明显是因为白居易，可见两个人的关系真的非同一般。

在洛阳结识令狐楚父子和白居易等人，对李商隐来说毫无疑问是个完美的开端，是当时很多人梦寐以求的，当然也从侧面证明了李商隐的杰出才华。

后来，令狐楚调任天平军节度使。节度使自己有任命官员、设置幕府的权力。当时科举竞争激烈，而节度使幕僚待遇优厚，有时甚至超过京官，所以很多文人在当朝廷命官之前，是在别人手下当幕僚。李商隐第一次出仕就是担任令狐楚的幕僚，令狐楚提拔他为节度使巡官，此时是大和三年。

三次科举不顺

大和四年，在令狐楚的建议下，李商隐赴京参加科举考试。作为天平军节度使，令狐楚这是动用了自己辖区内的名额保荐了李商隐。

乡贡名额有限，每个州给中央推荐的考生名额是固定的。例如《唐会要》卷二十六有开元二十五年三月敕文："应诸州贡人，上州岁贡三人，中州二人，下州一人。必有才行，不限其数。"前文提到的《白氏六帖》卷十二注："选举令：诸贡人，上州三人，中州二人，下州一人。必有才堪者，不限其人数。"所以即便在地方上，荐举人选问题本身也非常敏感，能够获得荐举已经很不容易。李商隐能以乡贡身份赴京参加科举考试，是令狐楚的抬举。

李商隐考的是进士科，要考三场：杂文、帖经、策论。杂文，就是诗词歌赋。策论要考经文、时政和问对这样的内容。李商隐心气很高，结果第一次科举失利了。其实很正常。在唐代，一举中第实属凤毛麟角，失利是很正常的。

在令狐楚的鼓励下，第二年李商隐再战科举，结果再度失利。到了大和七年，那时令狐楚在太原任职，在他的安排下，李商隐又以太原乡贡的身份第三次参加科举，又是榜上无名。

作为一个年轻人，李商隐此时那种浮躁的心态已经开始凸显，他已经有些愤懑和不耐烦了。李商隐对主考官贾悚和崔郸十分不满，曾经在一首诗里把他们比喻成阻挠他成功的燕雀。他说，"鸾皇期一举，燕雀不相饶"。他把自己比作凤鸟，把那些阻挠自己的人比作燕雀。

尤其让他心理失衡的一点是，令狐楚的儿子令狐绹年轻时跟他是一起读书的，人家在科举之路上一路绿灯，十分通畅，很快就当了不小的官。因此，在给令狐绹的信中，李商隐说"尔来足下仕益达，仆困不动"，意思是你现在越来越风光了，我却原地踏步，一动不动。由此看出李商隐的情绪已经相当烦躁。

李商隐对贾悚和崔郸等人的怀疑也不是完全没有道理，因为唐朝的科举考试有个问题，就是人情在其中的确起到了很大作用。唐朝的科举考试不糊名，也就是说卷子不密封名字，考官可以看到。这就为请托之风敞开了门户。如果考官先前就听说过考生大名，并且欣赏考生的才华，等自己做主考官时，就可以提拔自己欣赏的人。如果是已经有请托的人，主考官只需要笔头一动，谁上谁下，他说了算。所以，人情世故、人际关系在唐代的科举考试中相当重要。很多考官上下其手，徇私舞弊。

《新唐书》记载，在李商隐参加科考的阶段，科举考场实际是“牛党”把持着。“牛李党争”是唐宪宗元和以后在唐朝政坛持续多年的顽疾。牛党党魁牛僧孺，李党党魁李德裕，以他们为党首，朝廷内分为朋党，互相斗争，你东我西，你黑我白。总之，水火不相容。牛党这些人大多数是进士出身，李德裕这边多数是官宦子弟、贵族出身。对李德裕来说，他瞧不上进士的浮夸，而那些进士又认为李德裕等属于老棺材瓤子，双方矛盾尖锐。朋党之争后来到了何种地步？可谓在政治上毫无风度，也毫无原则性。唯一的原则就是你说东，我就说西，你说黑，我就说白，专门互相作对。这个时候的科举考场，牛党比较得势。比如，有个人叫杨虞卿，他和他的兄弟杨汝士、杨汉公，还有苏景胤、张元夫等把持着整个考场。《新唐书》卷一百七十五记载：“李宗闵、牛僧孺辅政，引为右司郎中、弘文馆学士。再迁给事中。（杨）虞卿佞柔，善谐丽权幸，倚为奸利。岁举选者，皆走门下，署第注员，无不得所欲，升沉在牙颊间。当时有苏景胤、张元夫，而虞卿兄弟汝士、汉公为人所奔向，故语曰：‘欲趋举场，问苏、张；苏、张犹可，三杨杀我。’宗闵待之尤厚，就党中为最能唱和者，以口语轩轾事机，故时号党魁。”意思就是，人们争相贿赂、巴结这些把持考场的人，你是升是降，对他们来说，只不过是动动嘴皮子的事情。所以，当时考生中间有这样一句话：“欲趋举场，问苏、张；苏、张犹可，三杨杀我。”“三杨”指的是杨虞卿三兄弟。当时考场的黑暗，可见一斑。

对李商隐来说，三次考不上，他就认为是主考官不公，所以骂他们为燕雀。有些怨言，也情有可原，因为那时的科举确实有很多暗箱操作。

为了仕途，薄情郎还是有情郎？

李商隐和科举的故事还涉及他的初恋。在这个过程中，李商隐积极追求功名利禄的心态展现无遗，背后还有他对一位姑娘的薄情，这是怎么回事？

这位姑娘叫柳枝。在《柳枝五首》的序中，他说自己年轻时与柳枝姑娘相识，应该就是在洛阳。当时，李商隐正在积极准备科举考试。柳枝姑娘的父亲是商人，在经商途中死于意外事故。这位柳枝姑娘 17 岁就已经出落得楚楚动人，相当漂亮，而且李商隐家和柳枝姑娘家离得不远，但是以前两个人并不相识。

后来，李商隐的一个兄弟曾经大声朗诵李商隐写的燕台诗。李商隐的诗写得相当漂亮，这位柳枝姑娘听到了，就问谁人为此诗。他的兄弟回答说，是我家的一位亲戚，叫李商隐。柳枝姑娘当时把自己的衣带扯断，打了一个结，交给李商隐的亲戚，委托他向李商隐求一首诗，其实就是委婉地求爱。后来经这位媒人穿针引线，李商隐与姑娘结识，姑娘当时还邀请李商隐几天以后与自己再相会。李商隐答应了。

但是后来李商隐爽约了。他解释说自己当时要去京师赶考，但朋友把他的行李给偷走了，自己不得不去追他们，因此没有赴姑娘之约。过了若干年，等他返回洛阳时，听说柳枝姑娘已经嫁给别人。一段姻缘，就这样不了了之了。

柳枝姑娘心地单纯，欣赏才子才华，因此想跟李商隐结识，结识后还约他再见面，可见是一见倾心。但为什么李商隐用了这么一个蹩脚的理由——有人把我的行李拿走了，我去追行李，所以就错过了？其实根本来说是这样一个心理动机：唐朝法律规定工商之家不得参加科举，柳枝姑娘出身于商人家庭，如果李商隐真的娶了她，就变成工商家的女婿，以后自己的仕进之途也就被斩断了。所以他当机立断，了却了这段感情。他有负于柳枝姑娘。他怕在交往中发现姑娘是认真的，不是萍水相逢，玩一玩而已，而是真的一见倾心，想托付终身。他后退了，害怕了，这一点展现了李商隐当时的功利之心。

前面讲过，李商隐在玉阳山学“道”的过程中，可能还有另外一段感情生活。纵观李商隐一生的文学成就，除了骈体文和七言诗之外，他还写了很多爱情诗，语言都扑朔迷离。那些诗，大多数不知道是写给谁的，也不清楚里面究竟有什么感情纠葛。不过可以肯定那些诗是写男女之间感情问题的，而且写得确实漂亮。

游国恩等人编写的《中国文学史》说，李商隐的作品中最为人传颂的还是他的爱情诗。中国社会科学院文学研究所编写的《中国文学史》也说，咏史诗和爱情诗中的优秀作品最能代表李商隐的优美风格与艺术特色。所以说，他的爱情诗相当有名。

这些爱情诗真的就是写爱情，还是拿爱情来说事？有人认为，那不过是一个寓意。也就是说，表面上写的是男女爱情，实际寄托的是自己的政治情怀。比如他最有名的那首《无题》："相见时难别亦难，东风无力百花残。春蚕到死丝方尽，蜡炬成灰泪始干。"现在一说起教师节，大家就经常引用这首诗。也有不少人认为，这首诗是李商隐写给恩公令狐楚的儿子令狐绹的，因为令狐绹当时对他不满了，他写这首诗是表忠心。有人认为《无题》有政治寓意。比如，清代《四库全书总目提要》就认为，李商隐的《无题》诗"一字一句皆属寓言"，"穿凿尤甚"。这些看法认为诗里有寓意，而不仅仅是字面上的男欢女爱。

这些看法未免过于迂腐。李商隐的很多诗，看起来还是跟男欢女爱有关系的。近代作家苏雪林写了《玉溪诗谜》(原名《李义山恋爱事迹考》)。从原来的名字就能看出，这本书专门通过李商隐的诗来破解他的爱情。书里有很多奇谈妙论，比如说李商隐爱上了华阳观里的女道士。这个华阳观就是长安永崇里的华阳观。而且说，有一个姓宋的女道士和他关系密切，甚至认为李商隐跟某位公主的宫女也发展出恋爱关系，可能还侧面卷入了宫廷斗争等。这是苏雪林的看法。

张鹤群写过《李义山与女道士恋爱事迹考证》一文，也认为李商隐和女道士之间有恋爱关系，但对李商隐和公主的宫女发生恋爱关系持怀疑态度。后来，陈贻焮在《李商隐恋爱事迹考辨》一文中修正了苏雪林的观点，认为李商隐早年在玉阳山学“道”时和一名叫宋华阳的女道士有恋情，他们之间也曾有过生离死别。因为宋华阳随公主回宫，后来他们的关系泄露。相爱遭到干预，变成了悲剧的结尾。陈贻焮的文章还指出，苏雪林认为恋爱发生在长安皇宫，这一点不对，应该就是在玉阳山。

但是也有不少学者对于这种考证不以为然，比如民国时期史学天才张荫麟。张荫麟英年早逝，但曾是民国时期史学界一颗冉冉升起的新星。他看了苏雪林的考证后，评价苏雪林那本书说，其最大价值就是“解颐”，就是供人一笑，不值一提。

张尔田在《论李义山恋爱事迹》中说：“义山集中，其女性诸诗，除《柳枝》数首外，但可谓之艳情，而不得实指为恋爱。至其艳情托何而起，所指者为谁，此情惟义山个人能言之，吾人实无权为之代答。”这个看法比较客观。李商隐的诗，现在留下来的其实只占他原先作品的一小部分，我们没有完整的线索诠释诗句中哪一句话是写男女爱情。古人写诗，经常有一些比喻和典故，充满隐喻，这种情况下，拿诗文来做“破案”工具很难走得通。在这种背景下，李商隐跟女道士之间有无感情瓜葛呢？有。尤其是宋华阳，可能性很大。宋华阳是李商隐诗里专门提到过的。他写过一首诗叫《月夜重寄宋华阳姊妹》。宋华阳姊妹，应该是三位姐妹，大概都是女道士。“偷桃窃药事难兼，十二城中锁彩蟾。应共三英同夜赏，玉楼仍是水精帘。”有人就说“偷桃”是道教的传说。王母娘娘种桃子三千年一结果，东方朔三次偷食，由此被贬谪人间。“窃药”指的是嫦娥的故事。“十二城”是啥意思？道教的“十二城”是仙人居住的地方，这里大致是指道观。有人说宋华阳姊妹跟李商隐之间感情之事可能是被人揭露了，女道士不应该谈恋爱，所以被道长给锁在道观中了。后来李商隐就写了这么一首诗。从严谨的角度来说，我们只能看出李商隐跟宋华阳之间的确有男女私情，但是事情是不是我们想的那样，因为资料不全，我们只能存疑了。卷入宫廷斗争这些事儿，应该都是一些学者自己脑补出来的。还是张尔田先生的说法有道理，这些艳情诗中李商隐所写对象是谁，写给谁的，除了他自己明说的那些之外，剩下的无人有权替他回答。我们不要替他回答，只要知道那是描写男欢女爱的就可以了。

令狐楚之死

到了大和六年，李党的李德裕入朝当了宰相。当时，“牛李党争”有这么一个特点：牛党上来，就贬黜李党；李党上来就贬黜牛党。结果，李德裕一上台牛党就遭到贬黜。当时，牛党的萧澣被贬为郑州刺史，而令狐楚是牛党的，在他的推荐下，李商隐担任萧澣的幕僚。

李商隐三十年仕途中有二十年，是辗转于各个幕府中给人当幕僚，这是他为官的常态。到了开成二年，李商隐在令狐绹的建议下，再次赴京赶考。这次赶考他本来没有抱多大的希望，因为已经失败那么多次，早已心灰意冷。据他自己回忆，他甚至都没有好好做准备，结果却意外地考上了。按理说成功了，应该非常惊喜，没想到等他知道事情的真相之后，内心却非常失落。这究竟是怎么回事？

李商隐在《与陶进士书》中直言不讳地说出了背景。原来，当年的主考官叫夏锴。夏锴和令狐绹的关系很好，考前见到令狐陶时，他问了一句话："八郎之交谁最善？"在家族中，令狐绹排行第八，所以叫八郎。夏锴的意思是，八郎，你和哪位考生关系好。令狐绹张嘴就回答说："李商隐者。"夏锴主持考试时，就把李商隐给提拔上来了。李商隐就此考上。按理说考中进士，金榜题名，简直是人生最大的喜事之一，但没想到背后是这么个背景。李商隐当时内心很不是滋味儿。本来想凭借才华获得成功，结果是靠这种灰色手段，他内心百味杂陈，感觉空落落的。这也反映了唐朝考场的黑暗。

这一年，李商隐 27 岁。他考上之后，就给令狐楚写了报捷的信，感谢令狐楚，但此后不久，令狐楚就去世了。

令狐楚去世前给皇帝的遗言还是让李商隐为他代笔。当时令狐楚已经病危，突然想到先皇曾经赐给他一把宝剑，他现在要还给皇帝，于是让李商隐来给他起草文书。李商隐写了几稿之后，令狐楚都不是很满意，于是自己口述了这么一句话："前件剑，武库神兵，先皇特赐。既不合将归泉下，又不宜留在人间。"（《北梦琐言》卷七）这把宝剑是先皇赐给我的，现在我要去世了，我不能把它带到墓里去，因为唐朝法律禁止刀剑这些武器随葬，但我又不愿意让它流落人间，所以我要把它还给皇上。李商隐帮令狐楚写的给皇帝的上表虽然最终没有被采纳，但从令狐楚临终时仍让李商隐替自己起草文书，可见他对李商隐的器重是终其一生的。

背叛

令狐楚去世之后，李商隐帮助令狐绹兄弟护送令狐楚的灵柩回长安，然后准备参加开成三年由吏部主持的制科考试，但是失败了。也就是在这个时候，李商隐结识了泾原节度使王茂元，成了王茂元的掌书记，非常受器重。这时，风言风语开始出现。王茂元在政治上属于李党，而令狐楚家属于牛党。令狐楚、令狐绹是李商隐的贵人，他现在却给一个李党当幕僚，而且备受其器重。这一点就颇遭非议。

李商隐还娶了王茂元的女儿，这在当时是千夫所指的一件事。

王茂元也是个爱才惜才之人。他看见李商隐如此有才华，觉得这个年轻人的前途不可限量，给自己当幕僚时也是尽心尽力，所以决定把小女儿嫁给李商隐。李商隐竟然同意了。消息传出，舆论哗然，尤其是令狐绹得到消息后格外愤怒。因为在他看来，李商隐应该是令狐家的门生，应该忠诚于他们，是他们父子将其扶植起来的，没想到他现在竟然背叛了令狐家，站到对立面去了。那个年代，人们对通过进士科考试上来的文人本来就有道德方面的怀疑，认为这些人比较浮夸、轻浮，而李商隐这样做刚好印证了人们的这种看法。

前面说过唐人对于忠诚的观念：一个是要忠于君主，还有一个是要忠于自己的恩公。李商隐这么做已经可以说大节有亏，所以当时的舆论对他非常不利。

不过话说回来，李商隐的做法是可以理解的，因为他前面经历过一连串失利，再加上幼年时安全感的丧失。孩子幼年和少年时期的境遇会决定他一生的性格，因为那是性格养成的时候。一般来说，在稳定且有保障的环境下长大的孩子更有自信心。李商隐偏偏缺少这个。他少年丧父，甚至一度到了打短工挣钱的地步。对他来说，功名利禄是格外渴求的。而且这么多年来，他目睹了官场和考场的黑暗，对他来说，走一下老丈人这条路没什么了不起的，大家都是这样做的。所以他选择了王茂元的女儿。

但始料不及的是，这样做就等于把自己卷到“牛李党争”的夹缝中去了。据《北梦琐言》记载，令狐绹听说自己的同学李商隐站到了对立面，愤怒得不得了，以至于后来再也不见李商隐。李商隐到他家来，他就找个借口走掉，不和李商隐见面。李商隐在令狐家的客厅专门题了一首诗，最后两句是“郎君官贵施行马，东阁无因再得窥”。意思是，你现在飞黄腾达，官越当越大，我以后不能再到你家里一窥你的风采了。令狐绹看到这首诗后反倒更加愤怒，认为李商隐在讥讽他。特别是前面两句“不学汉臣栽苜蓿，空教楚客咏江蓠”，让令狐绹十分气愤。唐人特别注重文字避讳，在别人面前使用人家的家讳是很没有礼貌的。令狐绹父亲叫令狐楚，你却在诗句中用了“楚”字，而且诗句题在墙上，铲掉（意味着铲了自己父亲的名讳）也不合适，只能把它留在那儿，因此令狐绹更加愤怒了。假如这件事是真的，说明李商隐已经与令狐绹走向全面决裂。

要说李商隐真是运气不好，这个时候已经到了唐武宗会昌年间，那是李党全面得势的时候。李德裕当上宰相，就把牛党全部贬黜了，然后混得风生水起。按理说，李商隐既然是王茂元的女婿，那么应该得到很多实惠，但李商隐的运气就是这么不好，因为就在此时，他的母亲去世。按照唐朝的法律，母亲去世之后，官员要丁忧，回家守丧，为期三年（实际是二十七个月），这意味着要离开政坛一段时间。李商隐就这样把这段黄金时间给耽搁了，守丧可以说改变了他的人生。

李商隐守丧期间，在李德裕的坚持下，朝廷要征讨泽潞节度使刘稹，而王茂元当时奉命调为河阳节度使，参与讨伐刘稹的战争。李商隐替王茂元撰写了《为濮阳公与刘稹书》，写得文采飞扬。可惜的是，面对军阀，文人的笔连半毛钱都不值。刘稹根本不听，与中央各路讨伐大军展开了激烈的战斗。他当时瞄准的首要目标就是王茂元，因为王茂元兵力最薄弱。刘稹选择王茂元作为突破口加以攻击，王茂元兵败。叛军掠过李商隐的老家怀州，导致李商隐当时为曾祖母迁墓的计划也落了空。而王茂元经历兵败打击之后，一病不起，最后去世。

到了会昌五年，守孝终于结束，李商隐回到了秘书省担任正字，这时对他不利的因素也越来越多。第二年唐武宗去世，唐宣宗上台，李党彻底失败，因为唐宣宗对进士十分崇拜，而且对于李德裕的专权一直心怀不满。他一上台就收拾了李党，结果李德裕被贬到海南岛，最后死在了崖州。李党彻底失败。李商隐当了王茂元的女婿，按理说应该风生水起，但因为守丧失去了这样一个机会；等到守丧结束，李党又失势了。

对他来说，人生之路已经越来越狭窄。牛党看不上他，李党又失势。最后还是李党伸出了援助之手。当时，李党有一个人叫郑亚，因为党争而被贬到广西，担任桂州刺史兼桂管防御观察使。他提出让李商隐来当自己的幕僚。李商隐答应了。在郑亚手下，他还为李德裕的《会昌一品集》作序，盛赞李德裕。这一切坐实了别人对他是李党的指责。

到了桂林不到一年，他的举主郑亚再次被贬为循州刺史，李商隐因此也失去了工作。到了大中二年秋，李商隐回到长安。据说穷困潦倒之际，他曾经写信给令狐绹请求帮助，但遭到拒绝。后来，他自己通过考试当上了盩厔县尉。李商隐一生就没有当过大官，总是在低品级的官位上来回徘徊。

尤其到了大中五年，他又遭到了一个打击：妻子王氏去世。王氏就是王茂元的女儿。虽然说这场婚姻给他带来了很大的麻烦，不过他们夫妻感情是很牢固的。李商隐对自己的妻子很好。到了大中五年秋天，西川节度使柳仲郢向李商隐发出邀请，请他来给自己当幕僚，李商隐又同意了。

柳仲郢很有意思。他出身世家，父亲柳公绰、叔父柳公权等都是唐朝名臣，他本人做事兢兢业业，为人坦荡，胸怀宽广。他根本不在意人们对李商隐的议论。在他看来，自己要的就是人才，所以很重用李商隐。到了大中九年，柳仲郢调回京城任职，就不能再有幕僚了。但在临走之前，他给李商隐安排了一个盐铁推官的职位。品级不高，但相当有钱，所以李商隐在经济上获得了比较好的回报。

只是这个时候的李商隐早已心灰意冷。对他来说，多年党争和官场黑暗，已经让他很受伤。加上他年龄也大了，对自己的前途早已不抱什么希望。在盐铁推官这个职位上干了几年之后，他就回家乡闲居了。到了唐宣宗大中末年，约公元858年，李商隐在郑州病故。

他是不是牛李党争的关键人物？学术界一般认为他是被裹挟进去的，不是关键人物。傅璇琮《李商隐研究中的一些问题》甚至认为，李商隐算不算是李党都是一个问题。说他是李党，是因为他当了王茂元的女婿。可是傅璇琮认为王茂元既不是李党，也不是牛党，他与党争无关，因此李商隐当然也就无党派可言了。李中华《李商隐与牛李党争》则说："新旧唐书的王茂元传，都没有说他是李党。"既然如此，那么李商隐也就谈不上是李党。其实如今看来，当了王茂元女婿的李商隐能引发令狐绹那么大的愤怒，足以说明王茂元的确是令狐家的仇敌。

汪梦川《王茂元与李商隐及牛李党争新释》认为，王茂元始终受到李德裕的器重，而且跟李德裕关系友好，史书当中有明文记载。虽然王茂元最后因讨伐刘稹兵败而遭李德裕指摘，但此举也可以看作李党的政治伎俩，即丢车保帅，所以他认为王茂元就是李党的人。甚至招李商隐为女婿也是一种政治手腕。汪梦川认为，王茂元招李商隐为婿，是要分化瓦解牛党，尤其是给令狐家颜色看。"（为何）一自令狐楚去世，他就向义山伸出橄榄枝？因为义山是令狐楚发现和培植的人才，令狐楚本人又身居高位，义山也的确对令狐楚颇为感恩，所以此前挖墙脚很难成功。但等到令狐楚去世，令狐绹须遵制丁忧离职，在相当时间内也不能给予义山以臂助，所以这正是义山突然失去靠山、最需要扶持之际。而义山又因为久处贫贱，急于出人头地，也最容易接受这种从天而降、雪中送炭式的'好事'。双方可谓一拍即合。"

张国光《试解锦瑟之谜》认为，李商隐之所以加入李党而背弃牛党，是经过深思熟虑以后做出的抉择。我前面说李商隐纯粹是因为个人前途问题选择了当王茂元的女婿，而张国光则认为他是觉得李党比牛党进步，所以加入了李党。

其实，牛党和李党无所谓进步不进步，就是党派利益之争。但是张国光先生认为，在历史上，李党坚持讨伐藩镇，坚持忠君等，要比牛党先进，所以李商隐选择了李党，而非投靠牛党。傅璇琮也认为李商隐确实卷入了党争，而且对此给予了高度评价，认为此举展示了李商隐极为可贵的政治品质，表明李商隐绝不是历史上所说的试图位于两党之间的软弱文人。恐怕这有点高看李商隐了。说实话，如果看一下李商隐后来的行为，就知道他那个时候并不清楚牛李两党哪一个代表着历史的进步。而且在这场党争当中，本来就是党派利益之争，没有什么政治原则。牛李两党在忠君这个问题上，其实并没有大的区别。在对待藩镇和吐蕃等问题上，也没有本质性区别。有时候，看起来牛党提出一些不理智、不正确的看法和主张，完全是为了跟李党作对。

所以说，谈不上进步不进步。李商隐不仅跟李党关系好，后来也给牛党的牛僧孺等人写过很多书信，看得出，他应该也在和牛党不断套近乎。

说实话，李商隐可能更关心谁能在事业上帮助他。他并不想卷入党争之中，他应该是被裹挟进去的。他自己也许没有派别之见，也没有什么政治立场上的意识，但是别人硬把他归入李党。

还有人主张李商隐无党，比如冯浩《玉溪生年谱》。岑仲勉《〈玉溪生年谱会笺〉平质》也认为，“商隐非党”，“商隐二年书判拔萃，官止正九品下阶之秘书正字，无关政局，何党之可言”，其“择婚王氏，就幕泾原，情也，亦势也”。就是说选择王茂元女儿为妻，不过就是个人情，是大势所然而已。还有人认为李商隐主观上并不想介入党争，但客观上已经被卷入党争的旋涡，成了无辜的牺牲品。比方说，马茂元《李商隐和他的政治诗》认为李商隐处在牛李党争的夹缝中，成了被牺牲的小人物。

关于李商隐的党派问题学术界一直争论不休。不过，总的来说，有几点共识。第一，在“牛李党争”中，李商隐是个小人物，这一点是肯定的。第二，李商隐的党派倾向实际上比较模糊，这个无可厚非。像李商隐这样为了个人前途考虑的人，在那个时候是主流，我们不要去指摘他，也没什么可指摘的。实际上，李商隐的所作所为与当时大多数地位不高的知识分子没有本质区别。李商隐在所谓的党争中，也没有对政局产生过任何负面影响，我们对他还是应该客观评价。

李商隐的一生可以算是唐朝后期文人的典型代表。李商隐的爱情诗、骈体文都取得了很高成就，他的诗歌中成就最高的是近体诗。他的七言诗称得上杜甫之后唐朝的第二座丰碑，这座丰碑上应该刻上“身无彩凤双飞翼，心有灵犀一点通”“春蚕到死丝方尽，蜡炬成灰泪始干”这样的美句。我们用清代吴乔的一段话来给李商隐的文学地位做一个总结：“于李、杜、韩后，能别开生路，自成一家者，惟李义山一人。”

温庭筠——桀骜不驯之才

温庭筠，唐代著名诗人，其词影响力巨大，上承南北朝宫体余风，自创花间派艳体，他是“词”由民间文学转向文学殿堂的关键人物。后世的李煜、柳永、欧阳修、晏几道、周邦彦、李清照、吴文英、陆游等深受其影响。

温庭筠的先祖是唐初宰相温彦博，温彦博兄弟温大雅是著名的《大唐创业起居注》的作者，也是开国功臣，正所谓“国之公相”。但是到了温庭筠这一代早已没落。

现存温庭筠的诗文中，甚至没有提及其父一个字。也许是文献散失，也许是其父早亡。温庭筠的名字，《新唐书》作“温廷筠”，刘学锴《温庭筠传论》从其弟名为“温庭皓”判断，应该是“庭”而不是“廷”。而参加科考的时候，他用的名字是温岐。

陈尚君《温庭筠早年事迹考辨》认为，温庭筠生于唐德宗贞元十七年（801）。刘学锴《温庭筠传论》认为，温庭筠祖籍太原，但出生、成长于吴中，后来定居于长安附近的鄠杜一带。

年少时的一场“社会性死亡”

温庭筠早年虽然生活困顿，但勤于学习，有天纵之才，并且擅长乐器，《唐才子传》记载：“（温庭筠）善鼓琴吹笛……有弦即弹，有孔即吹。”他一直保有对外界的好奇心且有仕进之心，曾有塞外经历，写了不少边塞诗。后来，还有游历巴蜀、长安、淮泗的经历，而他在江淮的经历几乎断绝了他的仕进之路。

关于这件事，《玉泉子》有如下记载：“温庭筠有词赋盛名，初从乡里举，客游江淮间，扬子留后姚勖厚遗之。庭筠少年，其所得钱帛，多为狭邪所费。勖大怒，笞且逐之，以故庭筠不中第。其姊赵颛之妻也，每以庭筠下第，常切齿于勖。一日，厅有客，温氏偶问客姓氏，左右以勖对。温氏遂出厅事，前执勖袖大哭。勖殊惊异，且持袖牢固不可脱，不知所为。移时，温氏方曰：‘我弟年少宴游，人之常情，奈何笞之？迄今遂无有成，安得不由汝致之？’遂大哭。久之，方得解脱。勖归愤讶，竟因此得疾而卒。”

温庭筠年轻时诗赋颇有盛名，已经预备参加乡贡考试。但在游历扬州期间，与当地盐铁推官姚勖发生冲突。姚勖是唐代名相姚崇之后，政绩、为人都相当不错。二人为何起了冲突呢？

当时温庭筠去拜访姚勖。姚勖看他是个不可多得的人才且沾亲带故，故厚赠钱物。令他始料未及的是，温庭筠性格洒脱不羁，加上其词赋颇有盛名，所以那时颇有点自负，举止行为也不够注意。到了繁花似锦的扬州，看着红灯照耀半空的花街柳巷，竟然将钱财都为“狭邪所费”。“狭邪”在唐代代指妓院，例如白行简《李娃传》记载：“此狭邪女李氏宅也。”一直到近代，色情小说还有个别称是“狭邪小说”。也就是说，温庭筠把姚勖赠送的钱都花在青楼了。

姚勖听说之后，一向严肃的他勃然大怒，令人笞打温庭筠，并将其赶了出去。

姚勖的愤怒可以理解，但是他这样做几乎让温庭筠“社会性死亡”。我们多次说过，由于不糊名，唐代科举过程中考生的名声很重要，名声响亮、品德无瑕疵者，很容易中考，反之则很难有翻身之日。温庭筠被打，闹得沸沸扬扬，而且是因为喝花酒的事情，这就等于宣布温庭筠是浪荡公子，以后谁还肯推荐他以乡贡身份入京考试?

这件事发生的时间，顾学颉《温飞卿传论》认为是大和末年（835），刘学锴《温庭筠传论》也赞成此观点。

温庭筠经此打击，很长时间萎靡不振。对此，他的姐姐一直愤愤不平，她的老公是赵颛。有一天，家里来客人，她随口问客人是谁，答曰“姚勖”。温姐姐勃然大怒，冲进去抓着姚勖的袖子不放，哭诉道：我弟弟年少，花天酒地是人之常情。你为何笞打他？他到今天都无功名，岂不都是因为你吗？据说，姚勖经此一事，一病不起。

进入科举的“倒霉者名单”

在《上裴相公启》里温庭筠说：“既而羁齿侯门，旅游淮上。投书自达，怀刺求知。岂期杜挚相倾，臧仓见嫉。守土者以忘情积恶，当权者以承意中伤。直视孤危，横相陵阻。绝飞驰之路，塞饮啄之涂。射血有冤，叫天无路。此乃通人见闵，多士具闻，徒共兴嗟，靡能昭雪。”他认为自己遭到了嫉妒和恶意诽谤。“杜挚”是攻击反对商鞅的秦国大臣，“臧仓”是在鲁平公面前进谗言污蔑孟子的鲁国大臣，用这些典故意思是自己非常冤枉，因才遭妒。刘学锴《温庭筠传论》认为，这里说的是有人在贵人面前，以温庭筠被笞打为辞，竭力渲染他的不堪，阻挠他仕进。不管怎么样，此事件的恶劣影响的确存在。他甚至为此而改名，将“温庭筠”改为“温岐”。《北梦琐言》卷四道出原因：“吴兴沈徽云：‘温舅曾于江淮为亲表槚楚，由是改名焉。’”所谓“槚楚”就是笞打的意思。所谓“亲表”指的是姚勖，因为姚勖与温庭筠之间还有远亲关系。温庭筠改名就是为了摆脱此事带来的负面影响。

关于温庭筠改名，《北梦琐言》说“温庭云字飞卿，或云作‘筠’字，旧名岐”，即从“温岐”改为“温庭筠”，但是现在看来可能恰恰相反。牟怀川《温庭筠改名补证》说：“温庭筠，初名温庭云；元和中从师李程，深慕李之学问人品，遂用李《赋得竹箭有筠》诗及《竹箭有筠赋》中‘筠’之义，自改为温庭筠。此非正式改名也。至开成四年应京兆府试，为避宦官之倾陷，乃正式改名岐，字在蒙。”从《唐摭言》卷二记载的“等而未第者”名单来看，到开成四年（839），温庭筠的确使用了“温岐”。

上面提到的《唐摭言》卷二这个名单，堪称“倒霉者名单”，名单如下。“等第罢举：刘鹭、田鬯，并元和七年；张傒、韦元佐，并元和八年；孟夷十二年；韦璟十四年；辛谅、崔壳、薛浑，并长庆元年；韦澌、李余，并二年；郭崖三年；李景方、卢镒，并宝历元年；韦敖二年；元道、韦衍，并大和二年；殷恪、刘筠，并八年；崔渍开成二年；胡澳、樊京，并卒；温岐四年；苏俊卒；韩宁会昌二年；李蓦、韩肱，并三年；魏镣、孙玙，并四年卒；韦硎、沈驾、罗隐、周繁，并乾符三年。”其中有些人是未及考试病故。有些原因不明。开成四年的那位“温岐”，就是温庭筠。

为什么说是“倒霉者名单”？什么叫“等而未第者”？《唐摭言》卷一记载：“开元已前，进士不由两监者，深以为耻。……李肇舍人撰《国史补》亦云：天宝中，袁咸用、刘长卿分为朋头，是时常重两监。尔后物态浇漓，稔于世禄，以京兆为荣美，同、华为利市，莫不去实务华，弃本逐末。”《唐摭言》卷二记载：“神州解送，自开元、天宝之际，率以在上十人，谓之等第，必求名实相副，以滋教化之源。小宗伯（礼部侍郎）倚而选之，或至浑化，不然，十得其七八。”也就是说，开元以前，进士以出自长安国子监和洛阳国子监者为荣，后来乡贡抬头，出于京兆者为最美；其次，出自长安附近的同州、华州者也可以被人高看一眼。开元、天宝时期，出自长安京兆府的贡士，排名前十的，来年春季参加进士科考试，十人必中十人，即便不全中，也可以中七八人，称为“等第”。“等而未第者”指的就是获得这种资格却落榜或者未能参加来年春闱者。大功告成在即，却丧失机会，岂不倒霉？

按理说，获得这样的考试资格实在难能可贵，只要不出大的纰漏，考上进士是十拿九稳的。那么为何温庭筠进了“倒霉者名单”呢？

首先，当然是扬州事件的负面影响。

其次，就是温庭筠与庄恪太子李永的交往导致他被打压。他曾经伴随唐文宗太子李永，跟随他吟诗作赋、起草文书。按理说，这也是仕进的门径之一，而且看起来前途光明。但是李永行为不够检点，喜好游玩宴饮，而他的政敌杨贤妃欲立安王溶为太子，所以抓住把柄，趁虚而入，在皇帝面前举报其不成器。《旧唐书》卷一百七十五记载："初，上以太子稍长，不循法度，昵近小人，欲加废黜，迫于公卿之请乃止。太子终不悛改，至是暴薨。时传云：太子德妃之出也，晚年宠衰。贤妃杨氏，恩渥方深，惧太子他日不利于己，故日加诬谮，太子终不能自辨明也。太子既薨，上意追悔。"皇帝一怒之下想废太子，遭到群臣反对，于是重重处罚了太子身边的人。当然，温庭筠由于身份低微，没有被直接波及。但是李永不久后暴毙，温庭筠的怅然可想而知。

庄恪太子事件，背后是后宫、宦官、朝臣之间错综复杂的斗争。温庭筠身份低微，实际是被裹挟进来的。但是他被人荐举，陪游太子，按当时的价值观来说，应该以圣贤之道影响少年太子，但太子行为乖张，身边人自然难辞其咎。庄恪太子死于开成三年（838），可能影响了开成四年获得京兆府贡举资格的温庭筠。尤其是唐文宗杀死太子身边人是开成四年十月，那时温庭筠刚获得贡举资格，这难免对他有影响。在《感旧陈情五十韵献淮南李仆射》自注里，温庭筠自称"二年抱疾，不赴乡荐试有司"，即强调当时患病。这可能只是委婉的托词。

按理说，开成五年秋的京兆府试温庭筠可以再战科举考场，但自己已经遭人侧目，不大可能再获得荐举。在《自有扈至京师已后朱樱之期》一诗中他说："露圆霞赤数千枝，银笼谁家寄所思。秦苑飞禽谙熟早，杜陵游客恨来迟。空看翠幄成阴日，不见红珠满树时。尽日徘徊浓影下，只应重作钓鱼期。”以错过樱桃季节表达自己错失良机的遗憾，因为樱桃是唐代庙堂祭祀的祭物，自己失去被荐举庙堂的机会，同时用姜子牙的典故暗示尚存对未来的希冀。

此后，他无奈离开长安，返回故居地吴中。他游历江南，写下了大量诗词。但他还是难忘科举之梦，所以返回长安附近的鄠地居住，而且相继参加了唐宣宗大中年间的四次科举考试，其间留下了一些干谒诗，包括写给裴休、杜牧等人的。但这些考试全部落第。

按理说，以其才华，温庭筠似乎不应如此倒霉，原因何在？

《旧唐书·温庭筠传》记载：“初至京师，人士翕然推重。然士行尘杂，不修边幅，能逐弦吹之音，为侧艳之词，公卿家无赖子弟裴诚（当作‘諴’）、令狐缟之徒，相与蒲饮，酣醉终日，由是累年不第。”裴諴是裴度的侄子，令狐缟是令狐绹的儿子，都是纨绔子弟，有名的花花公子。温庭筠一向耐不住寂寞，与他们交往甚密，甚至又闹出一个丑闻。《唐才子传》卷八记载：“后夜尝醉诟狭邪间，为逻卒折齿，诉不得理。”他去妓院游玩，夜间与巡逻街卒发生矛盾。唐代长安夜间宵禁，有左右街使下辖的街卒巡逻，负责治安，温庭筠极可能是因为醉酒违反了宵禁，导致被街卒打掉了牙齿。他四处投诉，但无果而终。(《旧唐书》将此事归于咸通年间，事发地点在扬州，但那时的温庭筠已经六十岁，应该不至于如此晚。)

按照唐代《云溪友议》卷下的记载，裴諴与温庭筠唱和写了很多艳词。温庭筠曰：“一尺深红朦麹尘，旧物天生如此新。合欢桃核终堪恨，里许元来别有人。”又曰：“井底点灯深烛伊，共郎长行莫围棋。玲珑骰子安红豆，入骨相思知不知？”从文学角度来说，这些都是佳作，但作为等待仕进的士子，温庭筠这种自由洒脱只会给自己带来更大的非议。“花间词派鼻祖”就文学而言是雅称，就科举前途而言是负资产。这个称谓诞生比较晚，但当时的确已经有相当一部分人将温庭筠与艳词联系在一起。

他的才华与他的狂放不羁是对应的，但同时也使他的清誉进一步遭到毁坏。

刘学锴《温庭筠传论》认为，除此之外，得罪宰相令狐绹大约也是重要原因。说到这里只能令人苦笑，温庭筠与令狐绹之子是朋友，却不惧得罪令狐绹。才子的内心世界只有诗与才，没有留空间去体会他人的感受。

才子的内心只有诗与才

《北梦琐言》卷二记载：“或云曾以故事访于温岐，对以其事出《南华》，且曰：‘非僻书也。或冀相公燮理之暇，时宜览古。’绹益怒之，乃奏岐有才无行，不宜与第。……所以岐诗云：‘因知此恨人多积，悔读《南华》第二篇。’”温庭筠与令狐绹交往，讨论到某事，温庭筠告知出于《南华经》(《庄子》)，又说这不是什么稀见的书，希望相公您处理政务之余多读读书。这对于进士出身的令狐绹来说当然是羞辱。这还不算完。《北梦琐言》卷四记载：“宣宗爱唱《菩萨蛮》词，令狐相国假其新撰密进之，戒令勿他泄，而遽言于人，由是疏之。温亦有言云：‘中书堂内坐将军。’讥相国无学也。”意即唐宣宗爱《菩萨蛮》词，温庭筠又擅长词作，令狐绹以温庭筠作品冒充自己的作品，呈送皇帝，要求温庭筠保密，温庭筠却把此事张扬出去，还说“中书堂内坐将军”，意思是宰相办公室内坐了个大老粗，讽刺令狐绹无学识。《南部新书》还记载：“令狐相绹，以姓氏少，族人有投者，不吝其力，繇是远近皆趋之，至有姓胡冒令狐者。进士温庭筠戏为词曰：‘自从元老登庸后，天下诸胡悉带令。’”令狐绹大搞裙带风，姓令狐的往往受其举荐，以至于天下有姓胡的，加个“令”字冒充其同族，令狐绹也照样帮助，温庭筠嘲笑说，“自从元老登庸后，天下诸胡悉带令”。

由此，令狐绹非常嫉恨温庭筠，这也是温庭筠屡试不第的重要原因。

后来，他和当时很多科场不得意的士子一样，成为地方官的僚属。这是一种无奈的仕进之路。后来，他又被贬为方城县尉。关于此事，诸书记载不一，尤以《北梦琐言》卷四的记载最为离奇：“宣皇好微行，遇于逆旅。温不识龙颜，傲然而诘之曰：‘公非司马、长史之流？’帝曰：‘非也。’又谓曰：‘得非大参、簿、尉之类？’帝曰：‘非也。’谪为方城县尉，其制词曰：‘孔门以德行为先，文章为末。尔既德行无取，文章何以补焉？徒负不羁之才，罕有适时之用。’云云。竟流落而死也。”

这段话是说，唐宣宗好微服私访，一次在旅社遇到温庭筠。温庭筠照样是那副桀骜不驯的姿态，问唐宣宗：你是司马或者长史吗？皇帝回答：不是。温又问：是不是参军、主簿、县尉之类？皇帝回答：不是。皇帝回宫后就将温庭筠贬为方城县尉。因为唐宣宗非常崇尚儒教，重视礼法，温庭筠那种桀骜不驯的样子在他看来毫无德行，于是在制文中指责温庭筠文才不足以补德行的亏缺。温庭筠就此抱憾终身。

问题是，这段记载太过戏剧化，不仅正史未予采纳，其他笔记小说也多不取。看起来更像是“段子”。

综合分析了八种不同的记载后，刘学锴《温庭筠传论》认为，温庭筠一共被贬两次：一次被贬为随县尉，另一次被贬为方城县尉。

温庭筠被贬为随县尉，时间大约是大中十年，不是因为得罪了微服私访的唐宣宗，而是与前一年他“扰乱场屋”的行为有关。所谓“场屋”就是考场。原来，大才子温庭筠时刻耐不住寂寞，在严肃的考场上也能“作妖”。《唐摭言》卷十一记载：“然罕拘细行，以文为货，识者鄙之。无何，执政间复有恶奏庭筠搅扰场屋，黜随州县尉。”夏承焘《温飞卿系年》考证此事，大中九年三月，吏部博学鸿词科考试，考官泄密，题目被名叫柳翰的考生知晓，他去找温庭筠，求代为写作。换句话说，温庭筠竟然当了考场“枪手”。事成后，柳翰大肆宣扬，导致此事败露。主考官员受到惩罚，温庭筠也被贬。

科举场上的“行为艺术”

温庭筠不仅“扰乱”吏部考试，也曾扰乱进士科考试。他文思敏捷，考场上常常率先写完，写完后就喜欢替别人捉刀，代写答卷，号称“救人”。《唐摭言》卷十三记载：“山北沈侍郎主文年，特召温飞卿于帘前试之，为飞卿爱救人故也。适属翌日飞卿不乐，其日晚请开门先出，仍献启千余字。或曰潜救八人矣。”沈询当主考官，为了防备温庭筠再当“抢手”，专门给他设了专属座位，就在自己的帘前，以便监考，理由是他太喜欢当“枪手”了。第二天，温庭筠请求开门先走，献上信启千余字，还号称已经救了八人，即在考官眼皮底下当了八个人的“枪手”。此事或许是温庭筠大言，但其桀骜不驯可见一斑。

其实，温庭筠如此狂放，未尝不是对官场腐败的控诉。就在此事发生前两年，考场曾公然偏向贵族子弟。据《唐语林》记载，大中七年，“崔瑶知贡举，以贵要自恃，不畏外议。榜出，率皆权豪子弟”。温庭筠的行为，未尝不是一种反讽的“行为艺术”。

徐商镇襄阳期间，将温庭筠置于自己的幕府之中。此时的温庭筠已年近花甲，但风流不减，经常陪同长官夜夜笙歌。在《光风亭夜宴妓有醉殴者》中还津津有味地描述众妓女打架的场景：“吴国初成阵，王家欲解围。拂巾双雉叫，飘瓦两鸳飞。”喝醉的妓女分成两拨打架，有人还想解围，妓女呼卢喝雉，投掷头巾，互相投掷鞋子。如此混乱且不入流的场景，温庭筠却看得津津有味且赋诸笔端，足可见其洒脱不羁。

他还看上了一个乐伎，叫柔卿。徐商解除柔卿的乐籍，将其嫁给温庭筠为妾，损友段成式等人还写诗嘲讽，温庭筠写了《答段柯古见嘲》作为回答：“彩翰殊翁金缭绕，一千二百逃飞鸟。尾薪桥下未为痴，暮雨朝云世间少。”前面用黄帝御一千二百女子的典故，说自己只爱这一个，然后用抱柱守信的典故表示自己与柔卿是真的爱情。

后来，他辗转于幕府之间。晚年回到长安，担任国子监助教。据《唐六典》卷二十一记载，“（国子监）助教二人，从六品上”。

这是个学官，才高八斗的温庭筠得此职位，也算乐得其所。

但是好景不长，他在国子监任上榜示省卷，将乡贡们的诗句榜示于众。其中可能有一些讽刺权贵、痛陈民间疾苦的诗句，得罪了宰相杨收，“杨收怒之，贬为方城尉”（《旧唐书·温庭筠传》）。这是他第二次被贬。这次被贬与上一次不同，上一次实际是去当襄阳幕僚，生活还算惬意，而这次几乎是无妄之灾。后来，他就死于方城县尉任上。

《唐才子传》卷九记载：“宪，庭筠之子也。龙纪元年李瀚榜进士及第，去为山南节度府从事。大著诗名。词人李巨川草荐表，盛述宪先人之屈，其略曰：‘蛾眉先妒，明妃为去国之人；猿臂自伤，李广乃不侯之将。’上读表，恻然称美。时宰臣亦有知者，曰：‘父以窜死，今孽子宜稍振之，以厌公议，庶几少雪忌才之恨。’上颔之。”这里说的是温庭筠之子温宪在唐昭宗时期为父喊冤的故事，皇帝也认可温庭筠当年遭受的待遇是不公平的，于是以擢拔其后人为手段，间接为温庭筠平反。

温庭筠大约算得上本书最有个性之人，他的才华毋庸置疑，他的狂放不羁以及不加掩饰也令人咋舌。单从科考角度看，毫无疑问他是一个失败者，但他的才华早已摆脱这些束缚，光照古今。当然也有人看不惯他。例如王夫之《唐诗评选》就用“钟馗傅粉”来评价温庭筠的诗：“温李并称，自古皮相语。飞卿一钟馗傅粉耳；义山风骨，千不得一。”虽然温庭筠和李商隐并称“温李”，但王夫之褒李贬温，认为温庭筠的诗再华丽多彩，也掩盖不了钟馗般粗放张扬的本质。但富有争议本就是温庭筠的人生写照，他生前如此，身后亦如此，或许他自己才不在乎这些吧。

温庭筠留给我们的典故极多，例如他的考场“救人”，再如他的外号“温八叉”。《唐才子传》卷八记载：“每试押官韵，烛下未尝起草，但笼袖凭几，每一韵一吟而已，场中曰‘温八吟’。又谓八叉手成八韵，名‘温八叉’。”每次考试，他都才思敏捷，凭几而坐，吟一首一韵成，不用草稿，号称“温八吟”。又说他站在考官面前，叉手（这里指的应该是唐代常见的叉手礼）八次成八韵，故外号“温八叉”。

他善于对词，《东观奏记》卷下记载：“宣宗尝赋诗，上句有‘金步摇’，未能对。遣未第进士对之，庭云乃以‘玉条脱’续也。”吟诗作对还不忘讽刺权贵。据《尚书故实》记载，唐武宗会昌毁佛寺时，分遣御史检查天下废寺，没收金银佛像（同时还没收大量铜铁佛像）。有苏姓监察御史，负责巡检长安诸寺，见银佛一尺以下者，多袖之而归，人谓之“苏扛佛”。有人问温庭筠：“将何对好？”温庭筠曰：“无以过‘密陀僧’也。”此处以“陀”为“驮”。密陀僧，就是氧化铅，银矿炼制产物，经常用在美容用品、皮肤病治疗、炼制丹药等方面。

君子不言利，自古文人似乎经常对商人嗤之以鼻。但是温庭筠却给我们留下了一个机智商人窦乂的故事（见《窦乂》），例如窦乂买坑。“先是西市秤行之南，有十余亩坳下潜污之地，目曰小海池，为旗亭之内众秽所聚。乂遂求买之。其主不测，乂酬钱三万。既获之，于其中立标，悬幡子。绕池设六七铺，制造煎饼及团子。召小儿掷瓦砾，击其幡标，中者以煎饼团子啖。不逾月，两街小儿竞往，计万万，所掷瓦已满池矣。遂经度，造店二十间，当其要害，日收利数千，甚获其要。店今存焉，号为窦家店。”

温庭筠笔下这个长安西市买坑的大商人窦乂，深谙中国官商之道，而且是心理操控高手。长安有一小宅院，是凶宅，无人问津。窦乂花了二百多贯买下。此宅靠近李晟住宅。李晟是太尉，凌烟阁功臣，位高权重。他对这凶宅自然不会有任何兴趣。窦乂买了这座宅院，并未居住，也未出售，而是将其屋宇全部拆除，搞成一片空地。这下子李晟突然意识到此处可以做马球场——等于被窦乂培养了消费欲望。于是他派人前往窦乂处，欲花重金买下，但是遭到窦乂拒绝。第二天，窦乂带着房契亲自上门拜访，对李晟说："某本置此宅，欲与亲戚居之。恐俯逼太尉甲第，贫贱之人，固难安矣。某所见此地宽闲，其中可以为戏马。今献元契，伏惟府赐照纳。"李晟大喜，问：真的不需要我做些什么吗？窦乂回答：以后有缓急再来求您。由此两人结交。过了些时日，窦乂聚集长安富商数人，问他们想不想让子弟任官，他有办法。富商大贾们大喜，酬以二万贯钱，窦乂去找李晟，称这些子弟乃自己的亲旧，李晟帮忙，"各置诸道膏腴之地重职"。这些子弟又报答窦乂数万钱，窦乂买个凶宅等于获利百倍以上。此事真伪已不可考，窦乂其人只见于温庭筠之《窦乂》，一般归为小说类，但唐人之小说不同于今人定义的小说，史料价值不可全部否定，窦乂事迹琐碎而具体，似乎并非温庭筠这个文人可以向壁虚构的。尤其是文章结尾温庭筠写道："乂卒时，年八旬余，京城和会里有邸，弟侄宗亲居焉。诸孙尚在。"若完全虚构则没必要留下这个"证伪"渠道。但是李晟任太尉时权力已经被架空，是否有权干预诸道肥差的人事任免存疑，所以这个故事的真实性无法否定，也无法完全肯定，但无论如何，唐代官商勾结的风气可见一斑。

小镇做题家——唐代的处士们

所谓处士，就是一生从未仕宦之人。当然，非官吏都可以叫作“处士”，但从语境来说，一般用在那些从未当过官的知识分子身上。其中，有些人是看破红尘，厌恶官场；有些则是积极入世，只是数奇命蹇，仕途不畅。奈何他们之中又往往有旷世奇才，所以更衬托出他们的悲凉和无奈。

李贺——因避讳制度终生不仕

李贺，字长吉，号称“诗鬼”。《文献通考》记载：“宋景文诸公在馆，尝评唐人诗云：‘太白仙才，长吉鬼才。’”又是一个谈到唐代文学绕不开的人物。他才华横溢，让人惊为天人。《旧唐书·李贺传》记载：“手笔敏捷，尤长于歌篇。其文思体势，如崇岩峭壁，万仞崛起，当时文士从而效之，无能仿佛者。其乐府词数十篇，至于云韶乐工，无不讽诵。”他英年早逝，但多舛的一生又和科举考试密切相关。他算不上严格意义上的“处士”，但仕途照样多有坎坷，可以说与处士无大区别。

在两唐书中，李贺的传记文字十分简略，而且有一些讹传。例如《新唐书·李贺传》有一段李贺少年故事："李贺，字长吉，系出郑王后。七岁能辞章，韩愈、皇甫湜始闻未信，过其家，使贺赋诗，援笔辄就如素构，自目曰《高轩过》，二人大惊，自是有名。"

这段故事简直就是唐代版"别人家的孩子"。李贺七岁就可以震动文豪韩愈、皇甫湜，太令人惊异，符合国人自古以来对于神童的希冀和对"伯乐故事"的向往，但实际上这可能是虚构的，是一个和我们有着同样希冀的唐朝人编的段子。

《新唐书》的说辞应该是受到了《唐摭言》卷十的影响："李贺，字长吉，唐诸王孙也，父瑨（其他古籍多为'晋'）肃，边上从事。贺年七岁，以长短之制，名动京华。时韩文公与皇甫湜览贺所业，奇之，而未知其人。因相谓曰：'若是古人，吾曹不知者；若是今人，岂有不知之理！'会有以瑨肃行止言者，二公因连骑造门，请见其子。既而总角荷衣而出，二公不之信，贺就试一篇，承命欣然，操觚染翰，旁若无人。仍目曰《高轩过》，曰：'华裾织翠青如葱，金镮压辔摇冬珑；马蹄隐耳声隆隆，入门下马气如虹。云是东京才子、文章巨公。二十八宿罗心胸，殿前作赋声磨空；笔补造化天无功，元精炯炯贯当中。庞眉书客感秋蓬，谁知死草生华风，我今垂翅负冥鸿，他日不羞蛇与龙。'二公大惊，以所乘马命连镳而还所居，亲为束发。"

《唐摭言》说李贺七岁已经名动京师，韩愈、皇甫湜看了李贺的作品，大为惊叹，以为是古人，理由是如果是今人，岂有我们不知道的。有人告诉他们是李晋肃之子，于是叩门拜访。而当时的李贺，一身孩童打扮，两人不相信稚童有如此才华，于是命题作文，李贺洋洋洒洒写下了《高轩过》，韩愈、皇甫湜惊为天人。于是将两人的马镳联在一起（这样马走得慢，比较安稳），让李贺骑上，到自己家（韩家或者皇甫家），亲手为李贺举行束发之礼。束发乃十五岁才举行的礼仪，而李贺当时七岁，此时给其束发，即褒扬其有超越年龄的才华。

《唐摭言》为晚唐五代人王定保所撰，搜罗了很多唐代科场逸闻。清李慈铭《越缦堂读书记》说，“唐人《登科记》等尽佚，仅存此书，故为考科名者所不可少”。李贺的这个故事应该是唐代已有的，后来先后被《唐摭言》《新唐书》收录。虽然进入正史，但此故事仍不可靠。

陆精康、戴建华《李贺“最先为韩愈所知”考》认为此事纯属虚构。他们的理由如下：

第一，根据钱大昕《疑年录》、朱自清《李贺年谱》等可知李贺生于唐德宗贞元六年（790），卒于宪宗元和十一年（816），李贺七岁是贞元十二年（有关李贺生卒年，后面还有讨论）。而那一年，韩愈的活动轨迹是河阳和汴州，不可能到长安、洛阳或者李贺原籍去拜访李家。

第二，《高轩过》称韩愈和皇甫湜为“文章巨公”，问题在于贞元十二年韩愈不满三十，尚未登进士第，而皇甫湜未及弱冠（二十岁），十年后才考上进士，名气为天下知。所以无论是韩还是皇甫，当时都够不上“文章巨公”的称谓。

第三，李贺是以行卷干谒的形式初见韩愈的。唐人张固《幽闲鼓吹》记载：“李贺以歌诗谒韩吏部，吏部时为国子博士分司。

送客归极困，门人呈卷，解带旋读之。首篇《雁门太守行》曰：‘黑云压城城欲摧，甲光向日金鳞开。’却援带命邀之。”杜牧《李长吉歌诗叙》也称“元和中，韩吏部亦颇道其歌诗”。唐人康骈《剧谈录》也是同样说辞。可见，李贺是在成年可以参加科举的年龄，以唐代常见的行卷干谒方式求见韩愈，韩愈十分赞赏，才有了力荐他参加科举的举动。

综上，所谓总角之年的李贺就备受韩愈、皇甫湜赏识，不过是个美好的传说。

李贺长相奇特，读书极为勤奋。他自称唐皇室之后，实际不过是个远支，家道不振。父亲李晋肃曾与杜甫有交集，杜甫为他写过《公安送李二十九弟晋肃入蜀，余下沔鄂》一诗。李晋肃早年曾任边上从事，但一直仕途不显，任陕县县令后去世。母亲郑氏，育有一女二子。父亲去世后，李贺兄弟就为生计奔波。虽然不是赤贫之家，但也绝对与“富贵”不沾边。“欲将千里别，持此易斗粟”（《勉爱行二首送小季之庐山》）道出了其辛酸。

但李贺始终着迷于文学，极度勤奋。《李长吉小传》记载：“恒从小奚奴，骑駏驴，背一古破锦囊，遇有所得，即书投囊中。及暮归，太夫人使婢受囊出之，见所书多，辄曰：‘是儿要当呕出心乃已尔！’”他平时骑驴，跟随一小奴仆，带着一个破旧的锦囊。李贺随时都在思考，偶有所得，立即写下，投于锦囊中。郑氏看到儿子锦囊中倒出这么多纸张，慨叹说，这个孩子一定要呕心沥血才能停止啊。他的朋友有王参元、杨敬之、权璩、崔植、沈子明等，这些朋友也常到他这里寻找佳句传抄。李贺性格洒脱不羁，诗文往往随写随丢，只有临去世前才给沈子明遗留了二百余首。

李贺也很关心时事，曾经写《汉唐姬饮酒歌》，以汉代少帝的典故影射唐顺宗死于非命。好在唐代没有文字狱，李贺没有因此获罪。

和一般文人一样，他也是以干谒方式走上科举场的。如前所述，他以一首《雁门太守行》博得了韩愈的喝彩，有关他才思的一些传闻大约就是那时候形成的。唐代冯贽《云仙杂记》记载：“有人谒李贺，见其久而不言，唾地者三，俄而成文三篇。”李贺唾地三次，成文三篇。这是“唾地成文”的由来，形容才思敏捷。或许也只是传说，但这种段子可以从侧面折射出唐人对李贺才华的敬佩。

元和五年（810），韩愈给李贺写信，劝其举进士。这是一个当时读书人都梦想的“开局”。但开局良好，结果却很无语。

在韩愈的鼓励下，李贺参加了韩愈参与组织的河南府试，作《河南府试十二月乐词·闰月》展现了自己对未来的希冀。府试中第才能以贡生身份赴长安应进士举。

也就在此时，小人作祟。李贺遭到举报。韩愈在《讳辩》中指出，这是与李贺有竞争关系的人的卑鄙作为，“贺举进士有名，与贺争名者毁之”。由于韩愈的公开褒扬，李贺已经名满天下，是这次进士科考试的热门人选。韩愈没有明确指出“与贺争名者”是谁，但可以想见，同年贡生的可能性极大。因为有竞争关系，不惜采取卑劣手段，就是从避讳这个角度堵死李贺的科举之路。

《讳辩》记载：“贺举进士有名，与贺争名者毁之曰：‘贺父名晋肃，贺不举进士为是，劝之举者为非。’听者不察也，和而唱之，同然一辞。”这个举报者用心歹毒，指出李贺父亲名“晋肃”，“晋”与“进”同音，所以李贺参加进士科考试就是触犯父亲名讳，不孝之甚，同时把矛头指向韩愈，称“劝之举者为非”。

唐代以孝治国，一旦某人落得“不孝”罪名，则必然被社会唾弃，为官者甚至可能丢官。皇甫湜看到了这件事的危险，告诫韩愈必须发声，否则“若不明白，子与贺且得罪”，也就是说，假如不予以回击，则韩愈也难免受牵累。于是韩愈愤然写下了《讳辩》：“《律》曰：‘二名不偏讳。’释之者曰：谓若言‘征’不称‘在’，言‘在’不称‘征’是也。《律》曰：‘不讳嫌名。’释之者曰：谓若‘禹’与‘雨’、‘丘’与‘蓲’之类是也。今贺父名晋肃，贺举进士，为犯‘二名律’乎？为犯‘嫌名律’乎？父名晋肃，子不得举进士；若父名‘仁’，子不得为人乎？”避讳不需要避“二名偏讳”，即两个字中只有一个触犯名讳，可以不避；也可以不避“嫌名之讳”，也就是已经避讳本字，就不需要避讳同音字，李贺考进士，完全合理合法。他顺着举报者的逻辑说，假如父亲的名字里带个“仁”字，难不成儿子都不能做人了吗？

韩愈的愤怒也没有带来理想的结果。那时，“不孝”两字是可以压死人的。李贺应该是心理压力极大，最终主动放弃了这次考试，终其一生再未谋求考进士科。

他黯然回到老家昌谷。对他来说，仕进中最显赫的道路彻底走不通了。但好在其父曾为官，按照唐代典章制度，父荫也是仕进门径之一。元和六年（811）五月，李贺再入长安，以父荫任奉礼郎。奉礼郎隶属太常寺，祭祀大典时掌君臣版位，以奉朝会祭祀之礼，是个从九品上的芝麻官。李贺担任此职三年，因此史称

"李奉礼"。

在长安的三年，由于官职很低，俸禄微薄，李贺生活仍然拮据，买不起房，租住在崇义坊，与朋友聚会也经常捉襟见肘。据《申胡子觱篥歌·序》记载，李贺"将衣质酒"，即典卖衣服与朋友小聚。《送沈亚之歌·序》记载："吾悲其行，无钱酒以劳，又感沈之勤请，乃歌一解以送之。"为朋友送行，无钱买酒，于是以诗代酒，送朋友远行。

但这三年也是李贺创作的高峰期，他接近权力中枢，耳闻目睹了很多事情，也结交了一批志同道合的朋友，他传世的作品中有大约六十首写于此时。他经常抨击时政，对皇帝也多有讽刺。例如《昆仑使者》，就是借汉武帝求仙药的典故讽刺当时热衷于长生不老药的唐宪宗："昆仑使者无消息，茂陵烟树生愁色。金盘玉露自淋漓，元气茫茫收不得。麒麟背上石文裂，虬龙鳞下红枝折。何处偏伤万国心，中天夜久高明月。"汉武帝派到昆仑山求仙药的使者尚无消息，而茂陵的树早已郁郁葱葱。

元和八年，妻子病逝，他备受打击。第二年，眼见升迁无望，他又心灰意冷，萌生去意。此时的他大概已经十分抑郁，于是告病回昌谷老家休养，后来又返回长安。

靠父荫得来的奉礼郎实在是个鸡肋，而且迁转希望渺茫，所以他最终辞去该职，返回昌谷。途经潞州时，在朋友张彻的荐举下，他被昭义军节度使郗士美征辟为幕僚，度过了人生最后的三年。唐代后期，很多在长安无法得意的文人会被藩镇节度使征辟，成为幕僚，而且节度使们给予的经济待遇一般都不差。有的人甚至可以凭借幕府经历回长安升官。

但好景不长，郗士美在奉命攻击割据藩镇成德军节度使王承宗时遭遇败绩。两唐书的《郗士美传》都讳言这场失败（正史人物传记有时依靠的是传主行状或者家传，往往有为尊者讳的现象），但郗士美的确是先胜而后败。据《旧唐书·宪宗本纪》和《资治通鉴》卷二百四十记载，郗士美败于柏乡。元和十二年八月，“以河南尹辛秘为潞府长史、昭义军节度使，代郗士美。以士美为工部尚书”（《旧唐书·宪宗本纪》）。

随着郗士美入京，他的幕府自然解散。李贺大约就在此事前后不久病卒。这场战争对李贺的健康是否构成负面影响，尚不清楚。李商隐《李长吉小传》（内容多来自李贺姐姐的表述）记述了李贺病卒前的幻觉：“长吉将死时，忽昼见一绯衣人，驾赤虬，持一板书若太古篆或霹雳石文者，云：‘当召长吉。’”也许“诗鬼”被召上天，才能抚慰人们对于才子陨落的伤悲吧。

关于李贺卒年，朱自清《李贺年谱》、《辞海》、上海古籍出版社《李贺诗歌集注》都标注为元和十一年（816），依据是大和五年（831）杜牧所写的《李长吉歌诗叙》：“贺死后凡十有五年，京兆杜牧为其叙。”但杨其群《李贺研究论集》中《李贺生卒年辨正》一文认为，李贺卒年当为元和十二年，享年“二十七”是唐人惯用的虚岁计法，而且李贺写有《黄家洞》，所涉及的裴行立谎报军功之事不可能早于元和十二年初，所以李贺当生于贞元七年，卒于元和十二年，足岁二十六。

“男儿何不带吴钩，收取关山五十州？请君暂上凌烟阁，若个书生万户侯。”（《南园十三首》之五）有着气吞山河理想的李贺，终其一生都试图有更大的作为，并不甘心辗转于笔砚之间，但时也命也。从唐代众多文人的命运轨迹来看，二三十岁时不得意是常态。假如不是天妒英才，李贺也许有无数种可能。

关于李贺英年早逝的原因，莫道才《李贺死因初探——李贺死于马凡氏综合征臆说》认为，他可能死于马凡氏综合征。李商隐《李长吉小传》，对李贺的长相如此描述："长吉细瘦，通眉，长指爪。"莫道才说："马凡氏综合征又名蜘蛛指（趾）综合征，俗称蜘蛛病，属于一种先天遗传性结缔组织疾病，为常染色体显性遗传，有家族史。"

他认为李贺患有此病有如下几个原因。

第一，李贺的外形符合马凡氏综合征患者形象。"其实，'细瘦，通眉，长指爪'，正是马凡氏综合征的体貌特征。'细瘦（纤瘦）'说明他不是一般瘦，而是身高而细，四肢细长。这正是头颅长且窄，长头畸形、面窄、高腭弓、耳大且低位的表现。"至于"通眉"，莫道才认为，这是马凡氏综合征患者眉弓凸起的体现。"长指爪"则是蜘蛛指特征。

第二，马凡氏综合征患者畏光，而李贺尤其爱在诗句中描述光，而且往往和"红"并用，与众不同。这也是马凡氏综合征患者眼睛充血畏光的体现。这种多泪且常常伴有眼睛充血、怕光的症状，被李贺移植到所写的事物上去了。

第三，李贺早亡，也是马凡氏综合征患者的特点。

这番分析不禁让人想起美国著名女排运动员海曼。她曾与郎平等同场竞技，誉满天下，但她是马凡氏综合征患者，也是四肢修长、面颊细长，三十一岁时因心脏病猝死于球场。

当然，以古人只言片语推测具体病症，历来困难，尤其是在古今医学概念和术语不一致的情况下，干扰性的描述很多。聊备一说。

若干年后，另一位文豪杜牧在李贺生前好友沈子明的要求下，为李贺诗集作序，就是《李长吉歌诗叙》：

> 大和五年十月中，半夜时，舍外有疾呼传缄书者，牧曰："必有异，亟取火来！"及发之，果集贤学士沈公子明书一通，曰："我亡友李贺，元和中义爱甚厚，日夕相与起居饮食。贺且死，尝授我平生所著歌诗，离为四编，凡二百三十三首。数年来东西南北，良为已失去。今夕醉解，不复得寐，即阅理箧帙，忽得贺诗前所授我者。思理往事，凡与贺话言嬉游，一处所，一物候，一日一夕，一觞一饭，显显焉无有忘弃者，不觉出涕。贺复无家室子弟得以给养恤问。尝恨想其人咏味其言止矣！子厚于我，与我为贺集序，尽道其所来由，亦少解我意。"牧其夕不果，以书道不可，明日就公谢，且曰："世谓贺才绝出前。"让。居数日，牧深惟公曰："公于诗为深妙奇博，且复尽知贺之得失短长。今实叙贺不让，必不能当公意，如何？"复就谢，极道所不敢叙贺。公曰："子固若是，是当慢我。"某因不敢复辞，勉为贺序，终甚惭。

大和五年是李贺去世十五年之后。十月的一天深夜，正在中书舍人院值班的杜牧收到了集贤学士沈子明的书信。在信中，沈子明回忆亡友李贺，当年两人曾朝夕相处，李贺去世前将自己的诗集交给沈子明，总计二百三十三首。多年颠沛流离，沈子明已经找不到诗集。这一晚醉酒后收拾文件，忽然看到了它，想起李贺与自己的交游，痛哭流涕。李贺无后，无以传人，所以想让杜牧为李贺诗集作序。杜牧再三辞让，沈子明坚决要求，最后说“子固若是，是当慢我”，杜牧于是从命。

在《李长吉歌诗叙》中，杜牧不吝赞美之词，对李贺和他的才华做了浓墨重彩的描绘：

> 贺，唐皇诸孙，字长吉。元和中，韩吏部亦颇道其歌诗。云烟绵联，不足为其态也；水之迢迢，不足为其情也；春之盎盎，不足为其和也；秋之明洁，不足为其格也；风樯阵马，不足为其勇也；瓦棺篆鼎，不足为其古也；时花美女，不足为其色也；荒国陊殿，梗莽邱垄，不足为其怨恨悲愁也；鲸呿鳌掷，牛鬼蛇神，不足为其虚荒诞幻也。盖《骚》之苗裔，理虽不及，辞或过之。《骚》有感怨刺怼，言及君臣理乱，时有以激发人意。乃贺所为，得无有是？贺能探寻前事，所以深叹恨古今未尝经道者，如《金铜仙人辞汉歌》、《补梁庚肩吾宫体谣》。求取情状，离绝远去笔墨畦径间，亦殊不能知之。贺生二十七年死矣，世皆曰：使贺且未死，少加以理，奴仆命《骚》可也。贺死后凡十有五年，京兆杜牧为其叙。

在这段序言中，杜牧对李贺的才、悲、玄、幻和诗品、诗格给予了极高的评价。李贺若知在自己身后十五年，尚有人为自己流泪，因为自己的遗作而震悚，自己的大名可以流传千古，大概可以含笑九泉了吧。

杜甫的伯父杜并——十六岁手刃害父仇人

在著名诗人杜甫出生之前，杜家发生过一件大事。杜审言有个儿子叫杜并，他是杜甫的伯父，为了救父血溅公堂。

杜甫家自西晋开始世代为官，堪称衣冠家族，子弟耕读传世，一般也都以仕进为目的。杜甫的伯父杜并，原本的人生规划想来也是如此，却因为一个意外事件而使人生走向了一个惨烈的方向。

此事发生于武则天时期。杜甫的祖父、杜并的父亲杜审言恃才傲物，因此很为某些人嫉恨。他从洛阳县丞任上被贬到吉州担任司户参军，在那里又得罪了同事司马周季重和员外司户郭若讷。两人合谋陷害杜审言，给他栽了很重的罪名，将其下狱，准备找机会处死他。杜审言有个十六岁的儿子叫杜并。杜并从小果毅沉稳，同时非常孝顺。眼见自己的父亲要遭殃，杜并挺身而出，开始了他的悲壮之举。

某一天，周季重等人正在举行宴会。杜并怀揣利刃，悄悄混入大厅，趁人不备，猛刺周季重。杜并被周季重的手下当场杀死。周季重伤重不治，临死前说："吾不知杜审言有孝子，郭若讷误我至此！"（《大唐新语》）

杜并以死救父的事迹当时一下子传遍全国。那个年代，人们很重视孝道，孝子从来都受人敬重，更何况是以如此惨烈的方式。当时，朝野上下都对杜家表示支持，著名文学家、大臣苏颋亲自为杜并撰写墓志铭，一时之间舆论汹汹。这里还有个深层原因，就是周季重等人构陷杜审言的举动勾起了大家痛苦的回忆：刚结束不久的酷吏政治。武则天当年为了清洗反对派，大搞酷吏政治，告密诬陷成风，害死很多人。对此，大家都心有余悸。因此周季重等人得不到大家支持，大家更同情杜家。

就连武则天也亲自召见了杜审言，改任其为膳部员外郎。杜并用自己的生命换来了父亲的平安。

20世纪初，苏颋所写的《杜并墓志铭》出土。墓志证明了这件事的真实性。

孟浩然——荐举无门，四十岁入京科考

唐代杰出诗人太多。“李杜”之外，高适、岑参、王维、孟浩然被称为“盛唐四大家”。四人中，高适曾经出任节度使、刑部侍郎，册封渤海县侯；岑参曾给高仙芝、封常清当过幕府僚佐，又曾经出任嘉州刺史；王维曾经出任太乐丞、监察御史、吏部郎中、尚书右丞等官职。这三人都不算“处士”，真正一直是处士身份的唯有孟浩然。孟浩然的才华毋庸置疑，李白在《赠孟浩然》中曾盛赞他：“吾爱孟夫子，风流天下闻。红颜弃轩冕，白首卧松云。醉月频中圣，迷花不事君。高山安可仰，徒此揖清芬。”这首诗堪称孟浩然的命运写照，才子的风流倜傥与仕途的坎坷集于一身。他并非不想仕进，奈何命运多舛，只能徒留叹息。关于他的事迹，还有一些讹传需要辩白。

孟浩然生于唐睿宗永昌元年（689），卒于唐玄宗开元二十八年（740）。孟浩然，名浩，字浩然。刘文刚《孟浩然年谱》指出，也有说法是名浩然，字浩然（名与字同的事例的确有）。襄阳人，曾隐居鹿门山，一生未曾入仕，所以人称“鹿门处士”。其家族先世事迹不显。孟浩然自称邹鲁人，可能是以孟子后代自居，又自称“世代习儒”，但可能不是官宦人家。在襄阳有田园和土地，估计是一般地主家庭。

《新唐书·孟浩然传》记载：“孟浩然，字浩然，襄州襄阳人。少好节义，喜振人患难，隐鹿门山。”鹿门山在宜城县以东六十里。虽然过着闲云野鹤的生活，但孟浩然实际和天下读书人一样，试图仕进。与他同隐鹿门山的还有张子容。但张子容在唐玄宗先天年间考中进士，考前孟浩然还曾与之唱和送别。此时的孟浩然不过是二十多岁的青年，目睹朋友赴京赶考并且高中金榜，他却无动于衷，一直到四十岁才入京科考。其间发生了什么？

刘文刚《孟浩然年谱》认为：“张子容这样早应举出仕，浩然为何‘偃息’‘茂林’，至四十岁方才应试？其间有很值得考究的地方。总的说来，是二人设想的入仕道路不同。张子容虽也隐居，但也由科举常道进取。而孟浩然却决心走荐举的道路。《全唐文》卷三百三十一王昌龄《上李侍郎书》：‘昌龄岂不解置身青山，俯饮白水，饱于道义，然后谒王公大人，以希大遇哉！’可见谋求荐举也是当时的社会风尚。孟浩然少有诗名，又有乡曲之誉，他觉得由荐举面进更能早达。然而事实渐渐使他明白，谋求荐举并不容易。‘欲济无舟楫，端居耻圣明。’‘谁能为扬雄，一荐《甘泉赋》。’便透露出其中的消息。四十岁，他看到谋求荐举实在无望，故也出而应进士举。”

唐代科举本身就不容易，考上之后只是获得做官资格，还要进吏部铨选，方才授官，这个过程往往旷日持久。如果不愿意等待，可以参加吏部主持的制科考试，但这个考试的难度甚至超过进士科。除此之外，当然也可以走门荫等道路。但孟浩然祖辈、父辈应该都是白衣，无法走这条路。经人荐举自然是一条捷径，但这条路也不好走，被荐举者必须有足够的才华引起权贵重视，才有可能获得机会，而一直隐居的孟浩然当时还没有什么名气，自然也引不起重视。二十九岁时，他曾经干谒张说，希望能获得其荐举。张说曾是唐玄宗的老师，天下有名的文人，“燕许大手笔”（燕国公张说、许国公苏颋的并称）之一，后来官拜宰相，自然是一等一的大人物。孟浩然在游洞庭湖时曾经拜访时任岳州刺史的张说，并写下了《望洞庭湖赠张丞相》：“八月湖水平，涵虚混太清。气蒸云梦泽，波撼岳阳城。欲济无舟楫，端居耻圣明。坐观垂钓者，徒有羡鱼情。”后半阕明显有求荐举之意。

但是张说可能未被说动。要知道，那时，像他这样的大人物，每天估计都有年轻学子干谒，早就麻木了，当时尚无名气的孟浩然估计很难入其法眼。

回到襄阳后，孟浩然的心态越来越焦急，那时的他已是而立之年。以古人的平均寿命而言，三十岁以后是不折不扣的中年，“中年危机”越来越折磨孟浩然。他在《田园作》中描绘了这种生活状态和心情：“弊庐隔尘喧，惟先养恬素。卜邻近三径，植果盈千树。粤余任推迁，三十犹未遇。书剑时将晚，丘园日已暮。晨兴自多怀，昼坐常寡悟。冲天羡鸿鹄，争食羞鸡鹜。望断金马门，劳歌采樵路。乡曲无知己，朝端乏亲故。谁能为扬雄，一荐《甘泉赋》。”其中“三十犹未遇”“冲天羡鸿鹄，争食羞鸡鹜”“朝端乏亲故”无一不在表露自己仕进不得的焦虑。最后，“谁能为扬雄，一荐《甘泉赋》”直接用了汉代扬雄的典故。有人向皇帝推荐扬雄，扬雄献上了辞藻华丽的《甘泉赋》，“赋成奏之，天子异焉”（《汉书・扬雄传》）。从此，扬雄成了西汉后期著名的文豪。孟浩然在这里已经说得很坦白：他期待伯乐的出现。

开元十三年，孟浩然结交了一位新朋友——出蜀不久的李白。两人都有才华，性格都豪放不羁，好饮酒，好交朋友，而且此时都是处士身份，所以有很多共同语言，可谓惺惺相惜。

第二年春，两人又在武昌黄鹤楼相遇，然后孟浩然要顺江而下去广陵（扬州），于是李白挥笔写下了千古名篇《黄鹤楼送孟浩然之广陵》：“故人西辞黄鹤楼，烟花三月下扬州。孤帆远影碧空尽，唯见长江天际流。”

开元十六年（728），孟浩然终于入京赶考，走上了科举之路。第二年开春的考试，他未能如愿，随后写下了《陪卢明府泛舟回作》：“犹怜不才子，白首未登科。”可见诗人当时心情之怅然。

也就在此时，孟浩然结交了盛唐诗坛另一位代表性人物王维。《新唐书・孟浩然传》记载：“尝于太学赋诗，一座嗟伏，无敢抗。张九龄、王维雅称道之。”孟浩然直接进入国家级学府，赋诗一首，众多学者无不服气，由此引起了张九龄、王维的重视。

王士源《孟浩然集序》记载：“侍御史京兆王维……率与浩然为忘形之交。”据《唐朝名画录》记载，王维还曾经为孟浩然画过《马上吟诗图》。但是当时张九龄任洪州刺史，王维从太乐丞位置上被贬为济州司仓参军，后离任，都无法为孟浩然的科举帮什么忙。

孟浩然在长安还是多方拜谒请托，但有的权贵对他爱答不理，有的尽力帮助却毫无效果，比如贺知章，就极有可能在唐玄宗面前举荐过孟浩然，但唐玄宗没有回应。孟浩然听说后极度失望，萌生了离开长安之意。刘文刚《孟浩然年谱》认为：“什么因素使他决定离开长安？根据情况分析，大约因为贺知章曾向玄宗举荐孟浩然，玄宗没有表示特别的兴趣。孟浩然得知这一消息后，感到求仕已经完全无望，所以决计离开长安。此事虽没有直接材料，却有张祜的诗可以做证。张祜《寓怀寄苏州刘郎中》诗云：‘一闻周召佐明时，西望都门强策羸。天子好文才自薄，诸侯力荐命犹奇。贺知章口徒劳说，孟浩然身更不疑。唯是胜游行未遍，欲离京国尚迟迟。’意思很明显，张祜是以贺知章荐孟浩然未获成功，比喻自己虽受多方力荐，始终不能受到皇帝赏识。张祜是唐人，家南阳，离孟浩然家乡襄阳很近，他的诗当有所本。”

有一个历史传闻与此密切相关，就是唐玄宗与孟浩然的“撞见”。

据《唐摭言》记载，有一次，王维正在和孟浩然讨论诗词。忽然有人来报：皇帝来了。孟浩然吓得不知所措，竟然躲到了床底下。

唐玄宗进来落了座，问王维：我刚才听到你屋子里有人，哪里去了？

王维不敢隐瞒，就实话实说了：是孟浩然在我这里，他现在不敢见您，躲起来了。

唐玄宗很高兴，说：我早就耳闻他的大名，为什么要躲起来？出来相见吧。

孟浩然这才敢从床底下爬出来，拜见唐玄宗。唐玄宗兴致很高，和他谈论诗词歌赋，大有相见恨晚之势，并问他可有新作。于是孟浩然当场念了一首诗。没想到就是这首诗把唐玄宗惹恼了。原来，孟浩然这首诗叫作《岁暮归南山》："北阙休上书，南山归敝庐。不才明主弃，多病故人疏。"

其中一句"不才明主弃"惹恼了唐玄宗。唐玄宗说："朕未曾弃人，自是卿不求进，奈何反有此作！"意思是，这就是你不对了，我何曾弃你于不顾？是你自己不愿意当官，不愿意出山，与我何干？于是唐玄宗将孟浩然放归南山，孟浩然由此终身不仕。

这个故事生动而富有戏剧性，所以为人们津津乐道。我以前也曾信以为真，但现在综合学术界看法，觉得真实性值得怀疑。

刘文刚认为，值得怀疑的点有：

第一，说法不一，主角不一。《唐摭言》《新唐书》《临汉隐居诗话》等说唐玄宗是在王维处见到孟浩然，《北梦琐言》则变成了在李白处。《唐诗纪事》则变成了张说向唐玄宗推荐。《诗话总龟》说是李姓宰相，而开元十六年李姓宰相只有李元纮。王维此时职位很低，唐玄宗不可能不打招呼就去他那里。张说已经退休，且孟浩然一直希望引起他注意，但他基本不回应。至于李白，他短短的翰林学士生涯是天宝时期的事情，只有在那时李白才能见到皇帝，他无论如何也不可能在开元时期推荐孟浩然。至于李元纮，则没有证据可以证明他和孟浩然有交集。

第二，孟浩然自己从未记述过这件事。就在这一年，他在

《题长安主人壁》表达自己还是未能接近权力核心："久废南山田，叨陪东阁贤。欲随平子去，犹未献甘泉。"他再次使用了《甘泉赋》的典故，可见这一年并未见到唐玄宗。见到皇帝龙颜这样大的事情，孟浩然作为当事人不会不留只言片语，但在目前可信的孟浩然文章、诗赋中从未见过相关内容。

第三，《岁暮归南山》这首诗根本不是开元十五或十六年的作品，而是开元二十二年的作品，是孟浩然第二次赴长安求仕失败后所作。

所以，这个故事虽然被收入正史《新唐书》，但其真实性值得高度怀疑。

此后，孟浩然并没有立即返回襄阳，而是游历大江南北，留下了很多佳作。

开元二十一年，四十五岁的孟浩然听说张九龄担任检校中书侍郎（年底又拜为宰相），十分兴奋，作《和卢明府送郑十三还京兼寄之什》曰："寄语朝廷当世人，何时重见长安道？"所谓"朝廷当世人"指的就是旧友张九龄。张九龄再次跻身权力核心，使孟浩然重新燃起希望，期待"重见长安道"。

在长安，孟浩然结交了王昌龄。但是这次长安之行再次失败。孟浩然十分怅然，与王维告别后离开长安。为何张九龄不推荐孟浩然？张九龄以"尚直"著称，与任人唯亲的李林甫、杨国忠之流不是一路人，即便是朋友，若无政治方面的实才，张九龄也不会推荐，否则他就不是众人称颂的那个张九龄了。具体是哪些原因导致张九龄决定不推荐孟浩然，就不清楚了。

回到襄阳的孟浩然，又接待了老朋友李白，此时李白挥毫写下了另一首名篇《赠孟浩然》："吾爱孟夫子，风流天下闻。红颜弃轩冕，白首卧松云。醉月频中圣，迷花不事君。高山安可仰，徒此揖清芬。"此时他笔下的孟浩然，已经安心于田园，成为世外隐者了。

开元二十五年，张九龄被贬为荆州大都督府长史，也就在此时，他终于向老朋友发出了邀约，四十九岁的孟浩然应邀入其幕府，并作《荆门上张丞相》表示感谢。这是孟浩然唯一一次涉足官场。与唐中后期的幕府相比，开元时期在幕府工作算不上真正的朝廷命官。从孟浩然这个阶段所写诗歌来看，张九龄更多是与之唱和，发挥其文学才干。

即便是这个鸡肋般的职务，孟浩然没担任多久，身体就出问题了。据王士源《孟浩然集序》和《唐才子传》记载，开元二十八年，孟浩然得"发背"，就是痈疽生于脊背，这种病常见于史册。有观点认为，这可能与当时服食丹药风气有关，属于重金属中毒症状之一。[1]

孟浩然之死与此相关。《孟浩然集序》记载："开元二十八年，王昌龄游襄阳，时浩然疾疹发背且愈，相得欢甚。浪情宴谑，食鲜疾动，终于治城南园，年五十有二。"所谓"食鲜"，指的是吃鱼。按照当时的医学理论，"发背"不宜食用水产类的发物（但必须指出，"发物"这个词在唐代尚未出现）。孟浩然初愈，王昌龄来游襄阳，孟浩然请客吃饭，"浪情宴谑，食鲜疾动"，即吃鱼导致复发，最后病逝。这个归因正确与否，见仁见智，但大病初愈

---

1 关于这一点，可以参看笔者另一本著作《疾病如何改变我们的历史》。

后的暴饮暴食和心情激动估计也是猝死的重要原因。

孟浩然一生怀才不遇。他的才华如同星星般耀眼，但其命运也如流星般无奈。留在这个世界上的只有他的杰出作品和典故。他的经历也告诉我们，即便是科举制之下，怀才不遇者也大有人在。

张皋——劝谏唐穆宗远丹药的处士

《旧唐书·斐潾列传》之后附有唐代处士张皋传记。张皋是唐穆宗时期人。唐穆宗之父唐宪宗因服用术士柳泌等人进献的丹药而死。唐宪宗是唐代后期最有作为的皇帝，精力旺盛，以“太宗之创业”“玄宗之致理”为榜样，重用武元衡、裴度、李愬等能臣，对藩镇态度坚决，接连取得对藩镇战争的胜利，平定淮西吴元济，使得桀骜不驯的河北三镇相继归降，安史之乱后困扰唐中央的割据问题一时间似乎结束。但是他壮年而死，使得这一切在他死后不久烟消云散，藩镇复叛，此后一直到唐朝灭亡，再也没有机会重整旗鼓。

唐宪宗的死与一个名叫柳泌的术士密切相关。柳泌，本名杨仁昼，自小学习法术，逐渐小有名气。唐宪宗后期越来越迷信长生不老，四处求不死仙药，而宗正卿李道古在担任鄂岳观察使时以贪婪残暴著称，非常担心皇帝治罪，于是想尽办法讨皇帝欢心。李道古认识柳泌，并且迷信其法术，长期服用他所炼制的丹药，因此与宰相皇甫镈一起向皇帝推荐柳泌。

唐宪宗接见了柳泌，让他为自己炼制丹药。大臣裴潾坚决反对，《唐会要》卷五十六记载了裴潾《谏信用方士疏》，他认为，术士皆是骗子，真正的高人都是出世的，哪里有如此汲汲于名利者。他要求以后推荐术士，药成后术士及术士的推荐者先服一年，一年人体临床试验结束后再进人主："《礼》曰：'君之药，臣先尝之；亲之药。子先尝之。'臣子一也，臣愿所有金丹之药，伏乞先令炼药人及所荐之人，皆先服一年，以考真伪，则自然明验矣。"唐宪宗却勃然大怒，贬裴潾为江陵令。

柳泌与历史上皇帝身边的所有术士一样有一套"话术"，专门应对丹药无效的质疑，那就是为丹药的有效性设置门槛，以此拖延时间。

《资治通鉴》卷二百四十记载："柳泌言于上曰：'天台山神仙所聚，多灵草，臣虽知之，力不能致，诚得为彼长吏，庶几可求。'"他指出，丹药要想有效，必须到天台山采撷灵草，所以求为台州刺史。此事遭到很多人反对，他们认为炼丹可以，不能委任术士为一方大员，唐宪宗恼火曰："烦一州之力而能为人主致长生，臣子亦何爱焉！"至此无人敢再反对。由是柳泌官拜台州刺史，赐服金紫。

但是丹药仍然无效，柳泌恐慌，逃到山里。《资治通鉴》卷二百四十一记载："柳泌至台州，驱吏民采药，岁余，无所得而惧，举家逃入山中；浙东观察使捕送京师。皇甫镈、李道古保护之，上复使待诏翰林。"在皇甫镈、李道古的维护下，执迷不悟的唐宪宗最后宽恕了他，让他进入翰林院。

据韩愈《昭武校尉守左金吾卫将军李公墓志铭》记载，柳泌的手法是"烧水银为不死药"。具体的药剂形态和服用方式不详，但可以想见唐宪宗可能会同时面临汞蒸气吸入和长期的肠胃吸收，这是慢性汞中毒，会引发易兴奋症、震颤和口腔炎等，表现为性格改变，急躁、易怒或者胆怯、含羞、多疑等。唐宪宗就出现了明显的症状，“服其药，日加躁渴”（《资治通鉴》卷二百四十一）。唐宪宗身体每况愈下，元和十五年（820）正月，竟以“饵金丹小不豫”，停罢一年一度的元日朝贺。之后多次不上朝，且表现得日益狂躁，身边的宦官往往成了他脾气发泄的主要对象，偏偏此时的宦官早已不是以前唯唯诺诺的家奴，本来就骄横跋扈，此时更不可能受如此窝囊气。终于，一个忍不下去的宦官陈弘志（又有史料记为陈弘庆）对皇帝动手，唐宪宗驾崩，享年四十三岁。《资治通鉴》卷二百四十一记载：“上服金丹，多躁怒，左右宦官往往获罪，有死者，人人自危；庚子，暴崩于中和殿。年四十三。时人皆言内常侍陈弘志弑逆。”司马光《资治通鉴考异》云：“实录但云‘上崩于大明宫之中和殿’。旧纪曰：‘时帝暴崩，皆言内官陈弘志弑逆，史氏讳而不书。’王守澄传曰：‘宪宗疾大渐，内官陈弘庆等弑逆。宪宗英武，威德在人，内官秘之，不敢除讨，但云药发暴崩。’新传曰：‘守澄与内常侍陈弘志弑帝于中和殿。’裴庭裕《东观奏记》云：‘宣宗追恨光陵商臣之酷，郭太后亦以此暴崩。’然兹事暧昧，终不能测其虚实。故但云暴崩。”

官方对外宣布消息时，凶手尚未被缉拿法办，故称宪宗为丹药所误，《资治通鉴》卷二百四十一记载：“其党类讳之，不敢讨贼，但云药发，外人莫能明也。”《旧唐书·穆宗本纪》说“上服之，日加躁渴，遽弃万国”，把宪宗之死直接归罪于柳泌。

于是柳泌被扣押，唐穆宗下令将其杖毙。

但过了一段时间，唐穆宗自己也受到蛊惑，尤其是长庆二年，唐穆宗在击球（马球）过程中得暴病，差点死去，以至于当时群臣急议立太子之事，可见危殆。但最后还是挺过了这一关，大约也就从此时开始，他关心起了长生问题，服用金丹，“既而自惑，左右近习，稍稍复进方士”，逐渐走上了唐宪宗老路。据《旧唐书》卷一百七十一记载，张皋于是上疏切谏：

神虑淡则血气和，嗜欲胜则疾疹作。和则必臻于寿考，作则必致于伤残。是以古之圣贤，务自颐养，不以外物挠耳目，不徇声色败性情。由是和平自臻，福庆斯集。故《易》曰：“无妄之疾，勿药有喜。”《诗》曰：“自天降康，降福穰穰。”此皆理合天人，著在经训。然则药以攻疾，无疾固不可饵之也。高宗朝，处士孙思邈者，精识高道，深达摄生，所著《千金方》三十卷，行之于代。其《序论》云：“凡人无故不宜服药，药气偏有所助，令人脏气不平。”思邈此言，可谓洞于事理也。或寒暑为寇，节宣有乖，事资医方，尚须重慎。故《礼》云：“医不三代，不服其药。”施于凡庶，犹且如此，况在天子，岂得自轻？先朝暮年，颇好方士，征集非一，尝试亦多；果致危疾，闻于中外，足为殷鉴。皆陛下素所详知，必不可更踵前车，自贻后悔。今朝野之人，纷纭窃议，直畏忤旨，莫敢献言。臣蓬艾微生，麋鹿同处，既非邀宠，亦又何求？但泛览古今，粗知忠义，有闻而默，于理不安。愿陛下无怒刍荛，庶裨万一。

穆宗看到这封奏疏，叹赏不已，下令寻访张皋，但没能找到。实际上，听了又没有全听，丹药之毒还是夺去了这位年轻皇帝的性命，《旧唐书·穆宗本纪》：“四年正月辛亥朔，上御殿受朝如常仪。上饵金石之药，处士张皋上疏切谏，上悦，召之，求皋不获。……辛未，上大渐，诏皇太子监国。壬申，上崩于寝殿，时年三十。群臣上谥曰睿圣文惠孝皇帝，庙号穆宗。”就在张皋上疏之后不久，唐穆宗病故。《旧唐书》将张皋上疏和唐穆宗之死放在一个段落内，可见史官认为唐穆宗英年早逝与丹药有直接关系。

张皋与大多数的处士一样，在历史上乍现一抹亮彩，然后就消失在历史长河中。

从出土文物看唐朝的才女们

唐代女性受的束缚相对较少，所以自小接受教育者为数不少。由于史料缺乏，已经不可能得出“唐代女性受教育人口比例”的数据，但是从唐代才女辈出的情况来看，隋唐女性接受教育的人口基数不小。张国刚主编的《中国家庭史》认为：“隋唐时期的女子，一般都可以受到一定的教育，她们虽不能像男子一样上学读书、科举入仕，但仍可以获得与男子大致类似的教育，当然，她们接受教育过程主要在家庭中进行，这就是通常所说的女子的家庭教育。”

除了与男性相同的启蒙教材，如《上大夫》《开蒙要训》《千字文》《兔园册府》《太公家教》等，女性使用的还有不少“女德”教材。隋代有《女鉴》《妇人训诫集》等，唐代有辛德源、王邵《内训》，太宗长孙皇后《女则要录》，魏徵《烈女传略》，薛蒙妻韦氏《续曹大家女训》，王搏妻杨氏《女诫》，宋氏姐妹《女论语》，等等。其内容都是传统的男尊女卑、夫为妻纲等，这是历史决定的，隋唐女性地位再高，也是相对于其他朝代而言，不可能有真正的女权和“男女平等”意识。所以唐代女性自幼接受的还是三从四德的教育，即便强势如武则天，也必须遵从。《旧唐书》

卷六总结了她当皇后以及登基称帝后编纂的书籍，“太后尝召文学之士周思茂、范履冰、卫敬业，令撰《玄览》及《古今内范》各百卷，《青宫纪要》、《少阳政范》各三十卷，《维城典训》、《凤楼新诫》、《孝子列女传》各二十卷，《内范要略》、《乐书要录》各十卷，《百僚新诫》、《兆人本业》各五卷，《臣轨》两卷，《垂拱格》四卷，并文集一百二十卷，藏于秘阁”。其中《凤楼新诫》《孝子列女传》《内范要略》，从书名看，可能是针对女性的女德教材。

因此，唐代女性受到的教育基本还是“三纲五常”那一套，正如郑氏《女孝经》进表中所说：“妾闻天地之性，贵刚柔焉；夫妇之道，重礼义焉。仁义礼智信者，是谓五常。五常之教，其来远矣。”（《全唐文》卷九百四十五）女性自己编纂的教材思想就是如此。

“自恨罗衣掩诗句，举头空羡榜中名。”这是唐朝才女鱼玄机的诗句，也是有唐一代才女们的悲鸣。

敦煌出土了《崔氏夫人训女文》，现存计有 S.4129、S.5643 及 P.2633 三件。法藏 P. 2633 号文后有“上都李家印，崔氏夫人一本”字句，可知这个文书母本是印刷品。“上都”指的是唐朝首都长安。可能是广受欢迎，所以雕版印刷，广为传播，甚至传到了西北边陲的敦煌，由于当地条件有限，无力刊印，只能改为手抄。《崔氏夫人训女文》内容也属于女德范畴，全篇为三十二句七言韵文。从婚礼场面开始，“香车宝马竞争辉，少女堂前哭正悲。吾今劝汝不须哭，三日拜堂还得归”，然后教育女儿出嫁后如何做个贤妻良母，要放弃在家时“惯娇怜”的作风，意识到嫁“作他妇”的责任，“欲语三思”，“少语莫多言”，“外言莫向家中说，家语莫向外人传”。女子还必须照顾全家的饮食起居，妯娌和睦。侍奉夫婿要恭顺周到，比如丈夫醉酒归来，不仅不能辱骂，还要含笑服侍，“夫婿醉来含笑问，迎愿扶侍送安眠。莫向人前相骂辱，醒后定是不和颜”。然后指出，“若能一一依吾语，何得翁婆不爱怜”。

今人不必苛责古人，就好比我们也不希望后人苛责今天的我们一样。这就是那时候的价值观，这就是历史现实。

官办学校教育基本上排除了女性，国子学、太学等均无女学生，但是也有例外，例如宫廷内有专门针对宫女的教育机构。当时掖庭宫内设有宫教博士二人，负责教育宫女。据《旧唐书》记载，“博士掌教习宫人书算众艺”，即书法、算术以及其他技艺（包括歌舞等）。这些博士一般是宦官。

据记载，在唐玄宗之前，宫中还设有内文学馆，由中书省管理，以儒者一人为师，负责宫女教育。这大约侧面解释了为何自幼没入掖庭的上官婉儿有如此高的才学，除了天资聪颖之外，内文学馆估计也功不可没。

除此之外，太常寺太医署下辖的官办医学校里也有女学员。以前文献中，唐代官方医疗机构无女医，一直令人诧异：后宫女性如何医疗？现在证明这只是文献阙载而已，二十世纪九十年代《天圣令》的发现证明唐代宫廷有女医。女医亦有一套选拔教育规章。值得注意的是，女医学生入学对文化水平的要求比男生低，这反映出当时女性受教育普遍不足。[1]

所以，虽然唐代不少女性接受过教育，但内容偏向于基础文

---

1 相关问题参看程锦《唐代女医制度考释》。

化和技能，与男性受到的那种建功立业、科举进取的教育有本质区别。即便如此，也压制不住某些天才女性的光彩。徐贤妃、武则天、上官婉儿、鱼玄机、薛涛、李季兰、刘采春、宋氏姐妹……都是这份名单上熠熠生辉的名字。

下面结合出土文物和遗址，看看唐代的那些才女。

上官婉儿

2013年，上官婉儿墓在西安咸阳机场附近被发现。2014年元月，墓志全文公布。全文一共九百余字。规格不低，在唐代墓志里算得上比较大的了。

婉儿的出生伴随着剧烈的政治斗争，她的一生注定不平静。唐高宗麟德元年（664），上官婉儿诞生。在她母亲郑氏怀孕的时候，据说就曾经有异兆：郑氏梦见一个神人手持大秤，告诉她所怀的这个孩子将来要称量天下。郑氏梦醒之后非常喜悦，因为这似乎意味着这个孩子未来将是风云人物。她把这个喜讯告诉别人。但是孩子生下来，郑氏有点失望，竟然是个女孩。在当时的男权社会里，一个女孩怎么可能称量天下呢？她在逗弄孩子时就问：孩子呀，神人说能称量天下的人，难道就是你吗？没想到这个不会说话的孩子竟然“呀呀”回应，似乎在回答母亲“是”。一时之间此事传为奇谈。

此事最早见于上官婉儿死后，官方给她编纂的《唐昭容上官氏文集》序言中。按说，此时上官婉儿已经是罪人，官方没必要刻意美化她，因此很可能是上官婉儿在世时就已经有这个传闻。至于这场梦是真的存在，还是上官婉儿得势之后有好事者故意编造，就不清楚了。

上官婉儿的祖父是上官仪，进士出身，著名才子，诗坛领袖，其诗歌号称“上官体”。麟德元年冬季，宦官王伏胜揭发武则天私自请了一位道士来宫中做法事，这件事彻底引爆了唐高宗的愤怒。皇帝历来忌讳底下人擅自勾结术士，因为这些术士不但行神奇鬼怪之事，还经常预言政坛兴衰。这回皇后在宫中行“厌胜”之术，高宗觉得忍无可忍，终于发作。

当时上官仪刚好在皇帝身边，看到皇帝愤怒，他趁机建议说：“皇后专恣，海内所不与，请废之。”（《资治通鉴》卷二百一）皇后专权，大家已经十分不满，请废黜她吧。高宗听了上官仪的话，表示赞同，命令他起草诏书。上官仪平时已经习惯按照程序办事，非常之时没有采取非常举措，而是按照流程起草诏书，浪费了宝贵的时间。

但是武则天势力已经很大，高宗身边的宦官、宫女好多是她的眼线。上官仪起草诏书，有人就飞奔去给武则天报信。武则天一听立即飞奔而来，愤怒指责唐高宗，高宗胆怯，想给武则天一个交代，于是说：“我初无此心，皆上官仪教我。”（《资治通鉴》卷二百一）意思是我本来没这个打算，都是上官仪教我的。一个领导者，出了问题立即栽到下属头上，这是十分糟糕的领导。高宗这个人总体来说还不错，但是在上官仪这件事上，他一时的胆怯将上官仪推入了万劫不复的深渊。

武则天这个人很有手腕，她明白此事不能再继续揪着高宗不放，必须给自己的丈夫一个台阶下。她还敏感地发现了一个细节——上官仪以前担任过陈王咨议，和那个举报她的宦官王伏胜共同服务于陈王，而陈王不是别人，正是前任太子李忠。

李忠是武则天的眼中钉、肉中刺。李忠是高宗的庶长子，母亲是宫女。当年武则天还没当皇后时，王皇后和她争宠。王皇后始终没有生育，这是她的心病。当时王皇后的舅舅宰相柳奭出了一个主意，让王皇后收养李忠。李忠因此有了名分，后来当了太子。武则天立后之后，李忠自然被废，而且被流放到黔州，按说已经没有威胁，但是武则天仍然将其视为隐患，意欲除之而后快。上官仪这件事给了她启发，李忠本来和此事毫无关系，但是武则天决心借机将他牵连进来。

武则天的心腹许敬宗立即发挥专长，罗织罪名，他诬告上官仪、王伏胜勾结李忠，意欲作乱。于是上官仪等人被下狱，后来上官仪和儿子上官庭芝一起被杀。而上官庭芝不是别人，正是上官婉儿的父亲。此时婉儿刚刚出生。

上官婉儿和母亲郑氏一起被没入掖庭宫为官婢。唐代因为反逆连坐的妇孺一般都会成为官婢，其中有技艺的妇女会被纳入掖庭宫，没技艺的就被发配到司农寺干粗活。

上官婉儿跟随内学士和母亲郑氏学习文化。她天资聪颖，很快蜚声宫内，引起武则天的重视，十三岁被武则天看中，成为她的秘书，由此迎来了人生的新机。墓志还有一个史籍没有提及的事情："年十三为才人，该通备于龙蛇，应卒逾于星火。"

婉儿生于公元 664 年，十三岁为才人的话，正是高宗在位期间（高宗去世于 683 年）。原来她早先曾经是唐高宗的妃嫔，后来又嫁给唐高宗的儿子唐中宗。这一幕和武则天的经历极其相似，这种事情在唐代不止一次发生。宋代朱熹说“唐源流出于夷狄，故闺门失礼之事，不以为异”，也不是毫无根据。他的意思是，唐朝皇族有胡族血统，这种在我们看来乱了纲常的事情在唐朝很正常。的确，草原游牧民族有收继婚传统，唐朝文化的确有很强的游牧民族色彩，所以这一幕在唐朝不止一次上演。

立上官婉儿为才人可能是武则天的举措，因为是她看上上官婉儿的才华，要让她给自己当秘书。既然如此，就必须让她有个名分，否则她将永远是个普通宫人。这事不大可能是高宗做的，因为此时已是高宗晚年。据《资治通鉴》记载，自公元 660 年开始，高宗健康每况愈下，晚年已经无法正常处理公务，症状是头晕目眩，目不能视，他是风病，也就是严重的高血压，甚至一度失明。在这种情况下，他是否还有兴趣给自己挑选妃嫔实在令人怀疑。高宗一生有八子四女，人数不少，但皆是高宗身体尚健康时所生，婉儿被立为才人以后没有新的皇子、皇女降生，也足以证明高宗此时已经力不从心。墓志中说她十三岁成了才人，紧跟着就说，“该通备于龙蛇，应卒逾于星火”，意思是上官婉儿笔走龙蛇，文思敏捷，可见这个才人还是与秘书工作密切相连的，而此时宫廷内外由武则天一手把持，用得上这个秘书的只有武则天。所以立婉儿为才人应该是武则天的主意，婉儿因此得以从普通宫人中超拔出来。《景龙文馆记》说武则天考上官婉儿是在婉儿十四岁时，现在看来可能应以墓志为准，即十三岁。

十三岁，相当于现代人上初一的年龄，上官婉儿已经开始在掌权者身边负如此重责大任。不得不说这是她命运的戏剧化转折。

当然，这一切都基于婉儿的天纵之才。

上官婉儿最后在“唐隆政变”中死于唐玄宗李隆基之手。此事已经在拙作《巾帼宰相上官婉儿》一书中做过剖析，故此处不赘。这里还是想分享一下上官婉儿人生的高光时刻——彩楼评诗。那是对上官婉儿才华最好的烘托。

此事发生在唐中宗时期。唐中宗带着群臣、妃嫔前往昆明池游玩。春意初萌，景色清新秀丽。皇上命令群臣赋诗，共得一百余首。皇上命令上官婉儿品评这些诗作，选出一首配乐做成御制曲。这是上官婉儿一生最风光的一幕。

上官婉儿登上池边彩楼，群臣汇聚楼下，仰头观望。上官婉儿一首首看过，哪首不满意就随手丢下楼来，一时之间一张张白纸如同雪片一般飘下。最后只剩下两个人的作品还捏在婉儿手里：沈佺期和宋之问的作品。两位都是天下公认的大才子，才华可谓不相上下。沈佺期，字云卿，此人曾高中进士。武则天时期出任通事舍人，唐中宗时期很受器重，拜起居郎兼修文馆直学士，后任中书舍人。宋之问，字延清，同样进士出身，也很受武则天和唐中宗器重；宋氏兄弟三人都很有学问。

这一番品评之后，他们的诗作在上官婉儿手里留到了最后。

沈佺期《奉和晦日幸昆明池应制》：

法驾乘春转，神池象汉回。
双星移旧石，孤月隐残灰。
战鹢逢时去，恩鱼望幸来。
山花缇骑绕，堤柳幔城开。

思逸横汾唱，欢留宴镐杯。
微臣雕朽质，羞睹豫章材。

宋之问《奉和晦日幸昆明池应制》：

春豫灵池会，沧波帐殿开。
舟凌石鲸度，槎拂斗牛回。
节晦蓂全落，春迟柳暗催。
象溟看浴景，烧劫辨沉灰。
镐饮周文乐，汾歌汉武才。
不愁明月尽，自有夜珠来。

最后上官婉儿做出了决断——冠军是宋之问。上官婉儿解释：这两首诗功力相当，胜负关键出现在最后两句。沈诗最后两句是“微臣雕朽质，羞睹豫章材”。上官婉儿评价说，这是“词气已竭”（《唐诗纪事》）。已经谦让说我是朽木不可雕，看到其他人才（豫、章均是樟木名称，引申为“人才”之意）很羞愧。宋诗最后两句是“不愁明月尽，自有夜珠来”。明月隐去不用愁，这里还有夜明珠，大有一种江山代有才人出的豪气。上官婉儿评价说，这是“犹陡健豪举”（《唐诗纪事》）。原来上官婉儿看重的是气场，沈佺期的气场在最后两句呈现颓势，而宋之问最后两句则气势上扬，所以胜出。

这一幕，似乎应验了郑氏怀孕时的那场梦——称量天下。上官婉儿以官婢身份完成人生逆袭，直接跻身政坛核心，成为武则天最信赖的秘书、唐中宗的巾帼宰相，虽最后殒命于政变，依旧如同流星一般耀眼。

司马慎微夫人李氏

除了上官婉儿，出土墓志向我们证明，武则天时期不止一位“上官婉儿”。武则天当时应该是有意培养扶持了一批才女为自己工作，这样工作条件便利，而且女性之间容易共情，比外朝大臣关系紧密。

司马慎微夫人李氏就是其中之一。她在宫内的地位，甚至可能一度在年轻的上官婉儿之上。“皇太后临朝求诸女史，敕颖［颍］川郡王载德诣门辟召侍奉。宸极一十五年，墨敕制词，多夫人所作。”[1]

仇鹿鸣《复数的上官婉儿》一文认为：

> 至于本文的第二位主人公李氏，不但在传世文献中了无踪迹，直至现在我们仍不知其名字，只能凭据其夫司马慎微墓志中附存的一小段文字，略窥其生平。司马慎微本人宦途不达，尽管墓志中提到其先后被纪王李慎、褚遂良等达官显贵赏识，但一生沉沦下僚，仅仕至梓州通泉县尉，卒于调露二年（680），享岁四十八，生平并无任何特别之处。李氏的

1 张红军，《唐代司马慎微墓志考》，《中国国家博物馆馆刊》，2012年第10期。

出身也很平常，其父李嗣源仕至洛州寿安县令，亦不见于史传。若李氏与司马慎微年岁相去不远的话，其时亦当四十有余，她的爱子早夭，仅有一女适河东柳氏。按照唐代女性的一般生命轨迹，不外乎诵经念佛，了度余生罢了。但李氏在守寡九年之后，至载初元年（689）却被卷入了武周革命的历史旋涡中去，“皇太后临朝求诸女史，敕颍川郡王载德诣门辟召侍奉。宸极一十五年，墨敕制词，多夫人所作”。李氏长安二年（702）六月卒于宫中，仅过了三年便发生了拥戴中宗复位的神龙政变，这位无名的李氏则是武则天一朝诏敕主要的起草者之一。我们现在已很难知道李氏的才名如何为朝廷闻知，亦不知武则天“临朝求诸女史”的范围和规模如何。……《旧唐书·上官昭容传》云其“圣历已后，百司表奏，多令参决”，则上官婉儿进入政治核心圈已在武周后期，当时距李氏去世不过三四年。上官仪麟德元年（664）被诛，上官婉儿没入宫时尚在襁褓，至圣历间约三十五岁，方得与闻机密，其实并不算早，可见武则天对其本怀戒意，谈不上有特别的恩遇。否则载初元年，上官婉儿已二十五岁，凭其早慧的文学才能，足以担当草拟诏敕之责，根本不需要再从宫外招入李氏。事实上，直至中宗登基，上官婉儿方得“专掌制命，深被信任”，因而上官婉儿在宫廷中权力的扩张与鼎盛，是在中宗时期，而非武则天时，而在上官婉儿之前宫廷中扮演类似角色的很可能便是这位李氏。

仇鹿鸣还推测说：

武则天时代的宫廷中可能曾有多位如上官婉儿一样的才女担负过类似草拟王命、参与机密的角色（按唐制中书舍人置六员，后期翰林学士亦常置六员，事实上起草诏敕是极为繁巨的工作，不可能仅由一人承担），只是这些女性后来没有如上官婉儿一样背负“乱政”的恶名，而被湮没在历史的长河之中了。

宋氏姐妹

2021 年 3 月 17 日中午 11 时，西安市枣园北路某建设单位在清理土表过程中发现石碑，随后立即通知西安市考古院。考古院人员赶赴现场，发现散落于施工范围的三处石块。经拼对，发现为柳公权书丹的石碑《唐故开府赠扬州大都督杨公（承和）神道之碑》。

这块碑的出土轰动一时。杨承和的名字也进入大众视野。他是唐代后期著名大宦官，卷入过多起政治斗争，最后被贬而死，后来又得到所谓“昭雪”。他的案子牵涉广泛，案情复杂，尤其是和著名的唐朝大才女宋若宪有关。

宋若宪是宋氏五姐妹之一。

宋氏五姐妹是从唐德宗时期开始闻名天下的才女“女团”。她们是贝州清阳人，儒学世家。父亲是宋庭芬，工于辞藻。五个女儿分别是若莘、若昭、若伦、若宪、若荀。个个聪明伶俐，尤其是大姐和二姐，才华横溢。她们性格恬淡，在父亲的教导下以勤学为乐，从不化妆，也不愿意嫁人，她们的父亲对此也很开明豁达。《新唐书》卷七十七记载：“不愿归人，欲以学名家，家亦不欲与寒乡凡裔为姻对，听其学。”父亲大约觉得如此才华非凡的女子，去相夫教子实在可惜，因此听任其沉浸学海，从不催促其嫁人。

大姐宋若莘教育起妹妹们如同严师，而且著有《女论语》十篇（出土的宋若昭墓志记载为“廿篇”），体例模仿《论语》，以韦宣文君取代孔子，以曹大家等取代颜回、冉耕，讲述儒家思想，尤其是和女性相关的儒家理念。

韦宣文君是前秦女经学家，本姓宋，前秦太常韦逞之母。富有才华。前秦皇帝苻坚曾令学生一百二十人从其受业，使周官之学得以流传，并赐号“宣文君”。

曹大家就是才女班昭，东汉史学家班彪之女，班固、班超之妹，著名史学家、文学家，曾经续写《汉书》八表及《汉书·天文志》，因为嫁给曹氏，而皇帝、皇后又很尊重她，让她入宫教习众人，又号“曹大家”。

二姐宋若昭则为《女论语》注解，也得到了大家赞许。

贞元四年，昭义节度使李抱真向唐德宗上表，推荐其入宫。唐德宗将宋氏姐妹召入宫中，还亲自考其诗词、歌赋以及经学。唐德宗爱好文学，与臣下唱和往来，宋氏姐妹奉命作应制诗，屡屡博得赞赏。唐德宗不以一般的嫔妃看待宋氏姐妹，称她们为“学士先生”。

出土《大唐内学士广平宋氏墓志铭并序》记载：“府君（宋庭芬）有五女，咸酷嗜文学，贯穿坟史，约先儒旨要，撰《女论语》

廿篇。其发为词华，著于翰简，虽班谢之家，不能过也。贞元四年，尝从先大理客于上党。节将李尚书抱真，录其所著书与所业之文，列状慰荐。德宗在位，方敦尚辞学。彤管女史之职，尤爱其才。即曰降诏，疾征姊妹五人，传乘而入，引谒内殿。礼容闲雅，繇是锡以学士之号。时更六朝，代余三纪，后宫嫔御之传授，四方表奏之典综，顾问启付，动成师法。穆宗之在春宫，独以经训，讲贯左右。大明继照，益用加敬。至于危言亮节，密勿匡饬，皆自信于心，不形于外，故不得而知也。”

宋若昭的墓志表明，当时其全家住在上党（今山西长治），为昭义节度使李抱真赏识，上表推荐，唐德宗当时将五姐妹全部征召入宫。曾有学者根据元稹《追封宋若华（莘）河南郡君制》中“三英粲兮，皆在选中”，判断只有三姐妹被选入宫中，现在看来是五姐妹同时入宫。

其中，宋若昭历经了德、顺、宪、穆、敬、文六代皇帝，甚至在唐宪宗时期，成为太子李恒（唐穆宗）的经学老师，可能还参与政论，只是细节已不可知。去世时追赠“梁国夫人”。后来的宰相宋申锡是其从侄，也是墓志的撰文者。宋若昭去世于唐文宗大和戊申岁，即大和二年（828），而非两唐书所说的宝历元年（825）。

宋若昭去世后，宋若宪取而代之，担任尚宫，唐文宗特别器重宋若宪。宋若宪才华与姐姐们相当，而且也历经多朝，可谓阅历丰富、学养服众。但也就在她春风得意之际，一场祸事悄悄笼罩了她。

唐朝后期的历史，从某种角度来说就是一部宦官专权的历史。

而宋若宪的后半生经历，与宦官政治息息相关。

唐敬宗乃唐穆宗长子，是个昏聩耽于享乐的皇帝，沉溺于马球和夜间狩猎，朝政由宦官王守澄、宰相李逢吉操纵，整个政坛一片黑暗。唐敬宗喜怒无常，经常责骂、殴打、处罚大小宦官，引发宦官们的不满。

宝历二年（826）十二月初八日辛丑，唐敬宗又一次出去“打夜狐”。玩得兴致勃勃，回来后又与宦官刘克明、田务澄、许文端，以及军将苏佐明、王嘉宪、石定宽等二十八人饮酒。“帝方酣，入室更衣，殿上烛忽灭，刘克明等同谋害帝，即时殂于室内，时年十八。”（《旧唐书·敬宗本纪》）

唐敬宗一死，刘克明等立即着手立新帝，他们想拥立绛王（唐宪宗第六子），但是遭到了另一派宦官王守澄和杨承和等人的反对，最后以政变方式解决。《新唐书》卷八记载：“内枢密使王守澄、杨承和，神策护军中尉魏从简、梁守谦奉江王而立之，率神策六军、飞龙兵诛克明，杀绛王。”

刘克明、绛王集团覆灭，江王（唐穆宗次子，封江王）继位，是为唐文宗。宦官王守澄、杨承和等继续把控大权。唐文宗并不甘心做傀儡，所以开始谋划限制乃至铲除宦官。大和四年，他任命宋氏姐妹从侄宋申锡为相，企图消灭宦官，但事情泄露，宦官先发制人，诬称宋申锡谋反，文宗被迫将宋申锡贬官。

大和八年，他又重用李训、郑注等近臣，谋划铲除宦官势力。说来有意思，李训、郑注还是宦官王守澄引荐给唐文宗的，此时两人却与皇帝密谋铲除宦官。李训、郑注同时厌恶当时朝内“牛李党争”双方的领袖李宗闵和李德裕。当然，宦官们也逐渐厌恶李训、郑注。于是两人想到了一个一石二鸟之计。

牛党领袖李宗闵还是吏部侍郎时，曾经靠贿赂宋若宪和杨承和求登高位，中间人是驸马沈㼆。宋若宪和杨承和接受贿赂后，屡次在皇帝面前为李宗闵说好话，使其平步青云。

后来，李宗闵因为替京兆尹杨虞卿开脱罪名，得罪了唐文宗，被唐文宗一怒之下贬为明州刺史，再贬为处州长史。郑注一看，立即火上浇油，检举揭发杨承和、宋若宪、沈㼆，指责他们为李宗闵上位徇私舞弊，导致宦官杨承和、韦元素，以及驸马沈㼆和宋若宪坐贬，李宗闵三贬为潮州司户参军。《资治通鉴》记载了当时贬黜杨承和等人的诏书："诏以杨承和庇护宋申锡，韦元素、王践言与李宗闵、李德裕中外连结，受其赂遗。承和可驩州安置，元素可象州安置，践言可恩州安置，令所在锢送。"后来，文宗遣使追赐杨承和、韦元素、王践言等人死。

宋若宪随后也遭到杀害。《旧唐书》卷五十二记载："幽若宪于外第，赐死。"一代才女香消玉殒。

宋若宪的平反是在"甘露之变"之后。

"甘露之变"，李训、郑注集团彻底失败，宦官集团对文官集团展开了疯狂的报复，长安城陷入血雨腥风之中。唐文宗也被宦官彻底控制起来。既然如此，先前李训、郑注主导的杨承和、宋若宪案就有"再审"的必要。

再审的过程细节已不可知，结果是显而易见的，在宦官们的威逼之下，唐文宗不得不为杨承和、宋若宪平反。对于宋若宪，《新唐书》卷七十七记载："训、注败，帝悟其谗，追恨之。""甘露之变"后，皇帝对杀死宋若宪表示后悔，春秋笔法之下，我们都知道这个“后悔”是怎么来的。对于杨承和，则是大张旗鼓地为其以礼改葬，开成元年正月，唐文宗下诏，为杨承和恢复名誉。《旧唐书》卷十七记载：“杨承和、韦元素、王践言、崔潭峻顷遭诬陷，每用追伤，宜复官爵，听其归葬。”这是“甘露之变”后宦官重新掌权的结果。从出土神道碑来看，杨承和赠扬州大都督，埋葬地点靠近安门原，与一般对大宦官的礼遇差不多，埋葬地点也接近以往的宦官集中埋葬地，这里还出土过其他宦官的墓志铭，例如杨志廉墓志《唐故开府仪同三司行左监门卫大将军知内侍省事上柱国弘农郡开国公食邑三千户赠扬州大都督杨府君墓志铭》。杨承和碑由柳公权书写，一则证明皇帝对这个葬礼的重视，二则证明了柳公权与宦官集团之间的良好关系，毕竟他还书写过著名的《神策军碑》。

我们怎么看待才女宋若宪与宦官集团之间的紧密关系呢？宦官集团出身卑下，总体文化水平较低，且由于生理和心理原因，为人多阴险，这些是不争的事实。但宦官与文官集团的矛盾，不见得都是史籍所展现的那样。文官掌握着笔杆子，也就掌握了史料话语权，给我们塑造了宦官尽为奸佞的形象。宦官和文官，实际上是专制政权的两面，都是皇帝需要的。自古以来皇帝需要宦官，一是因为自幼生长在皇宫里，和宦官关系亲近，二是因为皇权需要。皇权与官僚集团之间总是存在合作和对立，而帝国事务中，总有一些属于皇帝的私人事务，不便交于外朝大臣执行。于是，皇帝会在身旁扶植一个“内朝”以满足自己的需求，同时让这个“内朝”与外朝大臣抗衡。“内朝”组成结构多变，比如，刘邦利用吕后，汉武帝利用身旁的侍中等低级官吏，东汉皇帝则交替利用宦官和外戚，武则天利用面首薛怀义、“二张”，或者女儿太平公主。自唐肃宗开始，由于安史之乱的影响，皇帝与武人集团基本属于对抗关系，与文人集团既合作又对抗，而宦官集团趁势而起，通过垄断信息和掌握神策军等手段逐渐把控大权。唐朝后期不少皇帝死于宦官之手，而皇帝的上台又往往需要仰仗宦官，宦官又需要皇帝狐假虎威，所以彼此形成了畸形的依存关系。

宦官集团的天然使命之一就是与外朝大臣形成制衡，所以外朝文官集团对宦官集团十分不满，他们书写的史书中宦官基本上是负面形象，有时需要辩证看待，不能全信正史。例如，在平定淮西节度使吴元济叛乱时，裴度是总指挥，李愬是首席功臣，但总监军宦官梁守谦也不是全无功劳，但在后世史官笔下，所有功劳归了裴度、李愬。杜文玉《唐代宦官梁守谦家族世系考》根据对墓志和碑铭的研究指出，蔡州城被破以后，对于拼死抵抗、力竭而降的五千叛军，梁守谦主张不杀一人，并亲自入俘虏中宣讲皇恩，五千俘虏磕头流血，欢欣鼓舞。但是这个不杀降的功劳在史籍中被全部归于裴度。

因此，宋若宪与宦官集团之间的合作关系，即宫官与宦官之间的协作，某种程度上是皇权的需要。对于宋若宪来说，自打她唐德宗时期入宫以来，应该是一直与宦官共事，形成合作甚至同盟关系毫不奇怪，可以说她别无选择。文官集团与宦官的关系也是错综复杂的，合作者有之，谄媚者有之，对抗者有之，合作与对抗同时并存者亦有之。柳公权作为著名文人，也和宦官有着合作关系，为何要责怪宋若宪呢？

宋若宪值得诟病的就是接受贿赂一事，这是污点，无可争议。

二娘子家书

唐人特重书法，名家辈出。女子教育中，书法也是重要一环。李商隐《义山杂纂》“教女项”中便有“学习书法”一项。《唐代墓志汇编》中也提到多位女子学习书法。例如，卢氏崔夫人“笔札（书法）雅琴（音乐），皆所尽善”。还有李从质的女儿，“及五六岁，能诵书学书”。

《二娘子家书》是敦煌出土的唐代女性手书，书于天宝元年（该文书年代尚有争议）。文字节录：“二娘子自离彼处，至今年闰三月七日平善，与天使司空一行到东京。目下并得安乐，不用远忧。今则节届炎毒，更望阿孃、彼中骨肉各好将息，勤为茶饭，煞好将息，莫忧二娘子在此。今寄红锦一角子，是团锦，与阿姊充信；素紫罗裹肚一条，亦与阿姊；白绫半匹，与阿孃充信。比拟剩寄物色去，恐为不达，未敢寄附，莫怪微少。今因信次，谨奉状。起居不备。女二娘子状。拜上。六月廿一日。”

二娘子姓氏不详，极有可能是官宦人家妻妾，家乡也许在敦煌，随同皇帝特使和司空来到东京（洛阳），思念家人，于是写下这封家书，慰问家人，并捎去礼物。

这封家书字体称不上十分优秀，但也颇有功力，可见受过良好教育，尤其是拉家常的语言，平和而殷切，令人动容。

吐鲁番女子自画像

唐代女子也有学习绘画的。瑞典斯德哥尔摩国家人种学博物馆收藏有一幅唐代女子自画像。从画上女子的发式来看，应该是盛唐作品，画面左侧有一行墨书题识："九娘语四姊，儿初学画，四姊忆念儿，即看。"可知画像的绘者就是九娘，这是她的自画像，画给自己的四姐。四姐有可能出嫁远方，所以重情义的九娘自画一张，送给四姐，以解思念之愁。"儿"或者"儿家"是唐代年轻女性常用的自称。

这张画像也充分体现出唐代，尤其是盛唐的审美观。画中人体态丰腴，面若银盆，脖子上甚至还有明显的三层下巴，与今天的审美观相映成趣。这里说明一下，三层下巴实际是在模仿菩萨像，唐代多数佛像及菩萨像脖子上有三道纹，称为"蚕纹"，又称"三刀痕"。蒋家华《论元魏孙敬德造观音像显灵母题文本故事的演变》指出，三刀痕故事源自《续高僧传》。东魏定州人士孙敬德遭人陷害，被判斩刑，临刑前一晚，梦到一沙门教其念诵《观世音救生经》。孙敬德敬诵不已，直到刑场上，已念诵一千遍，刽子手一刀下去，刀却折断，连续三次皆如此。丞相高欢得知此事，奏请皇帝赦免了孙敬德。孙敬德回到住所，发现住所观音像脖子上有三道刀痕。这个故事成了一种故事主题和模板，有数十种版本。"三刀痕"成了母题中的核心情节。唐代画像上的人物，尤其是女性，脖颈多带有蚕纹线，看起来像多层下巴，实际是在模仿佛像。这是当时宗教信仰在审美方面的渗透所致。

我们也必须指出女性们在男人背后的贡献。《唐摭言》卷八记载："公乘亿，魏人也，以辞赋著名。咸通十三年，垂三十举矣。尝大病，乡人误传已死，其妻自河北来迎丧。会亿送客至坡下，遇其妻。始，夫妻阔别积十余岁，亿时在马上见一妇人，粗缞跨驴，依稀与妻类，因睨之不已；妻亦如是。乃令人诘之，果亿也。亿与之相持而泣，路人皆异之。后旬日，登第矣。"

公乘亿确有其人，复姓公乘，字寿仙（一作"寿山"），擅长诗赋，题词之后往往引来众人围观、观摩。为什么他要阔别家乡多年，以至于夫妻离散，见面不敢相认？唐代读书人为了科举，要找个地方离开家中事务埋头苦读，还不能离大城市太远。因为要想获得乡贡名额，还有让考官知道自己的名字，就必须靠近官场的人脉网络，不敢离开须臾，于是出现了这样悲凉的场景。不过，好在公乘亿后来科举中第，他是幸运的。有类似经历而终生未能得意者才是多数，这些人大多已经被湮没在历史长河中。

家人对于书生们寄予厚望，甘心为他们做绿叶，为他们牺牲。尤其是女性们，往往为夫君撑起整个家庭，还有人用各种方式激励夫君。《南部新书》记载了这样一个故事："杜羔妻刘氏（《唐才子传》卷二记载为'赵氏'）善为诗，羔累举不第，将至家，妻先寄诗与之曰：'良人的的有奇才，何事年年被放回？如今妾面羞君面，君若来时近夜来。'羔见诗，即时回去，寻登第。妻又寄诗云：'长安此去无多地，郁郁葱葱佳气浮。良人得意正年少，今夜醉眠何处楼？'"刘氏在夫君意志消沉，要放弃考试打道回府时，用激将法激励夫君，甚至让他不要白天入家门，而是晚上进门，以免丢人。杜羔羞愧，回去奋发努力，终于中第。而刘氏此时的心理更加复杂，因为唐代考生的习惯是，考上之后去平康坊等烟花柳巷风流快活，释放压力。刘氏想到夫君此时正是春风得意，满心不是滋味，一句“今夜醉眠何处楼”，把她复杂的心态淋漓尽致地展现出来。

唐代的女性们，或者靠着才华名满天下，或者在夫君背后支撑家庭（当时男权社会价值观下多数女性的必然选择）。她们不是没有抗争，有的人甚至为此付出了巨大代价。她们在唐代文坛上留下了璀璨的印迹，如同鲜花怒放，如同群星闪耀。我们赞美她们，欣赏她们，也理解或者说同情她们。她们是唐代妇女的杰出代表。